Paulo Henrique Paiva

CONSTRUINDO CONHECIMENTO

Estratégias de Gestão e de Desenvolvimento Humano e Organizacional

Copyright© 2016 by Literare Books International
Todos os direitos desta edição são reservados à Literare Books International.

Presidente:
Mauricio Sita

Capa, diagramação e projeto gráfico:
David Guimarães

Revisão:
Débora Tamayose

Gerente de projetos:
Gleide Santos

Diretora de operações:
Alessandra Ksenhuck

Diretora executiva:
Julyana Rosa

Relacionamento com o cliente:
Claudia Pires

Impressão:
Rotermund

```
Dados Internacionais de Catalogação na Publicação (CIP)
      (Câmara Brasileira do Livro, SP, Brasil)


   Paiva, Paulo Henrique
      Construindo conhecimento : estratégias de gestão
   e de desenvolvimento humano e organizacional / Paulo
   Henrique Paiva. -- São Paulo : Literare Books
   International, 2016.


      ISBN 978-85-9455-016-3


      1. Administração de pessoal 2. Desenvolvimento
   pessoal 3. Recursos humanos 4. Treinamento
   I. Título.



16-08881                              CDD-658.3124
         Índices para catálogo sistemático:

   1. Recursos humanos : Treinamento e
      desenvolvimento : Administração    658.3124
```

Literare Books International
Rua Antônio Augusto Covello, 472 – Vila Mariana – São Paulo, SP
CEP 01550-060
Fone/fax: (0**11) 2659-0968
site: www.literarebooks.com.br
e-mail: literare@literarebooks.com.br

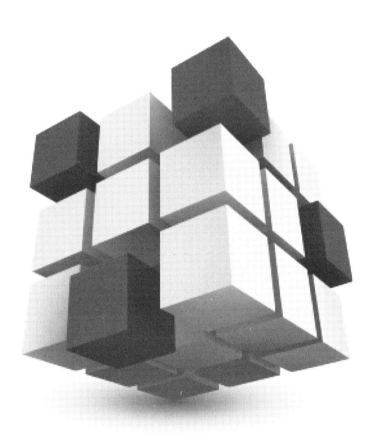

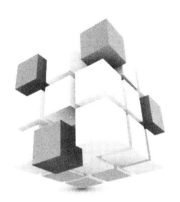

PREFÁCIO

Paulo me honrou com o convite para prefaciar este livro. Poucos profissionais das áreas de RH e de T&D têm a autoridade dele para registrar em um livro lições tão importantes e profundas.

Como soe acontecer em uma obra dentro dessas temáticas, ele tinha de citar Drucker, e eu aproveito para colocar à reflexão dos leitores dois postulados do mestre:

"Toda empresa precisa se tornar uma instituição que aprende. Ela também precisa se tornar uma instituição de ensino".

"O maior benefício do treinamento não vem de se aprender algo novo, mas de se fazer melhor aquilo que já fazemos bem".

Absolutamente coerente com Drucker, Paulo, neste livro, fala que "O programa de T&D não pode ocorrer de forma isolada, mas sim acompanhado de um processo cíclico e contínuo, por meio da Educação Corporativa".

E ele complementa "Pode-se constatar que as organizações que proporcionam um ambiente propício de aprendizagem aos seus colaboradores são mais competitivas e têm mais chances de se sobressaírem à frente de seus concorrentes".

Utilizando outras palavras, Paulo Paiva critica as decisões de empresas que contratam treinamentos "enlatados", ou seja, genéricos, não customizados, que até causam algum impacto imediato, mas são inócuos e ineficazes a médio prazo e sem força e conteúdo para transformações a longo prazo.

O leitor perceberá que ainda se fala muito na importância do "capital humano" para as empresas, mas muitas não descobriram os caminhos para desenvolvê-lo.

Vejo este livro como um texto que leva a importantes reflexões sobre o papel estratégico da área de RH nas empresas. Esse tema tem sido muito discutido. Ram Charam critica as áreas de RH das empresas, que não estão alinhadas e nem contribuem com os grandes objetivos. Ele defende que o RH mantenha o foco nas pessoas, mas com o propósito de desenvolver talentos e fortalecer o tal do capital humano, por meio da "Gestão de Pessoas, desenvolvimento de líderes, e de profissionais com talentos necessários para o fortalecimento e crescimento das empresas".

Esses temas e muitos outros são tratados pelo Paulo, com a autoridade que sua formação como Administrador, *Coach*, Psicanalista e Terapeuta Transpessoal lhe dá, aliada à experiência de empresário e especialista em gestão de pessoas.

É um livro indispensável para todos que valorizam os recursos humanos.

Mauricio Sita

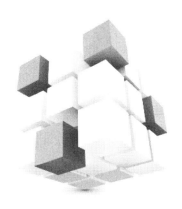

BIOGRAFIA

Autor: Paulo Henrique Paiva
Administrador: CRA-SP n° 93816

Palestrante, empresário, *coach*, especialista em Gestão de Pessoas, psicanalista, terapeuta transpessoal, master em Programação Neurolinguística e escritor.
Administrador de empresas e especialista em Gestão Executiva em RH e Gestão Estratégica de Pessoas.

Autor e colunista de diversos artigos para sites especializados em recursos humanos, jornais e revista de gestão, carreira e administração.

Com experiência em Gestão de Pessoas há mais de 15 anos, tem construído *cases* de sucesso por onde passa, desenvolvendo profissionais em empresas nacionais e multinacionais pelo Brasil por meio de seus treinamentos, com uma metodologia interativa, prática, e dinâmica. Ao longo de sua carreira tem atendido empresas como Grupo Votorantim, Grupo AB Brasil, ZF do Brasil, Pries, Jabil, Banco de Olhos de Sorocaba, Vitafor, Unimed Sorocaba, Proauto, prefeituras e universidades.

Terapeuta transpessoal, psicanalista e gestor de pessoas, Paulo Paiva tem uma visão ampla e integrada do ser hu-

Construindo conhecimento

mano em sua totalidade, pois as pessoas são a base fundamental de uma organização e precisam atuar motivadas, tornando-se mais produtivas em seu dia a dia, alcançando os objetivos individuais e organizacionais.

Já como *coach* e mentor, Paulo Paiva orienta e desenvolve há anos líderes e gerentes de empresas de diversos segmentos, por isso ganhou o título de "Gestor de Almas" nas organizações.

Quando fala sobre compreender o cenário corporativo, o autor se refere ao seu extenso trabalho como empresário e consultor à frente da Contexto Gestão Empresarial, acompanhando diariamente, na prática, os desafios e as adversidades enfrentadas pelos executivos e pelos profissionais na atualidade.

Participou como coautor dos seguintes livros publicados pela Literare Books:

- COACHING – Grandes mestres ensinam como estabelecer e alcançar resultados extraordinários na sua vida pessoal e profissional", com o capítulo "Coaching – Alma, minha essência me faz pleno!";
- COACHING – Aceleração de resultados, estratégias, técnicas e processos para o sucesso pessoal, profissional e organizacional, com o capítulo "Coaching integrativo e inteligência espiritual: A chave para o sucesso das organizações".

Gravou o DVD Desenvolvendo talentos e gerando resultados em parceria com Edílson Lopes, do Grupo KLA.

Site: www.paulopaivapalestrante.com.br
Facebook: www.facebook.com/paulopaivapalestrante
LinkedIn: www.linkedin.com/in/paulopaivapalestrante
(15) 3342-3606 / (15) 99781-4797

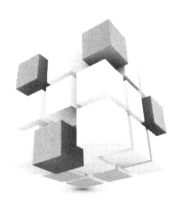

AGRADECIMENTOS

Agradeço à minha família, por ser o alicerce da minha vida e pela educação que me deu.
   Aos meus mestres, que ao longo da minha formação e minha especialização sempre se colocaram à disposição para a troca de experiências.

A todos os meus alunos, que se mostraram interessados em querer entender a área de Desenvolvimento Humano Organizacional como parte estratégica da organização.

Aos colegas consultores e palestrantes, com os quais compartilho experiências diariamente.

SUMÁRIO

INTRODUÇÃO	13
1. A ARTE DE SER RECURSOS HUMANOS	17
2. DESAFIOS DOS PROFISSIONAIS DE T&D	31
3. COMPREENDENDO O PROCESSO DE T&D	57
ALGUMAS CONSIDERAÇÕES	85
CONSIDERAÇÕES FINAIS	91
ARTIGOS E ESTUDOS DE CASO	94
REFERÊNCIAS	103

INTRODUÇÃO

O objetivo que me levou a escrever este livro é ajudar profissionais de Recursos Humanos (RH) e amantes da área a compreender o treinamento como um investimento no capital intelectual, fator determinante para o sucesso das organizações, além de conhecer as estratégias da área de RH, possibilitando uma visão sistêmica aos profissionais de treinamento, o que os levará ao comprometimento com a busca por resultados no que se refere às áreas de Treinamento e Desenvolvimento (T&D) e de Gestão de Desenvolvimento Humano e Organizacional, por meio de uma sistemática de trabalho.

No primeiro capítulo faço um resgate do passado para melhor orientação de como era a área de RH a partir de 1930 e discorro até os dias de hoje. Enfatizo sua evolução de uma área operacional para uma área estratégica, galgando novos espaços e ganhando destaque e participação nas decisões e nos negócios corporativos. Em consequência dessa transição, a área de RH assumiu mais responsabilidades e cabe a ela auxiliar os demais setores da organização.

No segundo capítulo busco conceituar Treinamento e Desenvolvimento e descrevo um bem inigualável: o "capital intelectual". Procuro mostrar o perfil do profissional de T&D, os desafios enfrentados no presente e as tendências para o futuro. Nesse contexto surgem novas exigências e aumenta a procura por profissionais habilidosos e competentes capazes de contribuir com o desenvolvimento humano, entregando qualidade aos clientes. Profissionais devem colocar seu conhecimento em prática, seguir diretrizes e utilizar metodologias e ferramentas que os ajudem a atingir os resultados propostos. Também comento sobre a Associação Brasileira de Treinamento e Desenvolvimento (ABTD), que desde 1970 proporciona condições facilitadoras para os profissionais de Recursos Humanos e Treinamento desempenharem seus papéis no ambiente organizacional ou na prestação de serviços especializados. Conto, ainda, sobre o Congresso Brasileiro de Treinamento e Desenvolvimento (CBTD), no Mendes Convention Center, evento que ocorre anualmente em dezembro na cidade de Santos, no litoral paulista, e tem como objetivo mapear novas tendências e necessidades de treinamento e troca de experiências, possibilitando um intenso *networking* entre os profissionais.

No terceiro capítulo abordo o processo de treinamento, cujos estudos foram validados por meio da norma técnica NBR 10015 – Gestão da qualidade – Diretrizes para Treinamento, que fundamenta e enfatiza a importância da gerência de recursos humanos e a necessidade de treinamento adequado no suporte à gestão da qualidade da organização, concluindo com exemplos de ferramentas indispensáveis para que o profissional de T&D possa propiciar um trabalho com qualidade e evidenciar resultados.

Descrevo também todas as etapas do Levantamento de necessidades à Avaliação e monitoramento de treinamento. Explico os dois tipos de treinamento – cognitivo/comportamental e motriz/técnico – que, aplicados de acordo com a necessidade apresentada, poderão alcançar resultados positivos, gerando maior produtividade. Ainda relaciono o famoso "Conto do Bambu Chinês" com as pessoas e as organizações, focando na premissa de que é preciso esperar e ter paciência para chegar às alturas com sucesso e êxito.

Procurei, ainda, mapear alguns pontos que acredito serem extremamente importantes para quem coordena uma área de treinamento ou tem como objetivo iniciar uma estrutura em sua organização, possibilitando-lhe enxergar a área como um todo, de forma organizada e adequada aos valores de sua organização.

Finalizo o livro com um apanhado cuidadoso de diversos estudos de casos e artigos, a fim de nos fazer refletir sobre a realidade dessa maravilhosa área que representa o comportamento das pessoas na organização.

Considero este livro uma mistura de pesquisa científica com experiência, que tanto serve como fonte de estudos como desperta a reflexão nos profissionais da área de RH, apaixonados em gerir pessoas, com uma promessa de teoria e prática na busca de resultados mensuráveis.

1. A ARTE DE SER RECURSOS HUMANOS

A área de Recursos Humanos está em constante evolução. Antes caracterizada por processos especialmente burocráticos, no decorrer de sua história seguiu outros rumos, passando do operacional ao estratégico. Procuro traçar um panorama dessa considerável evolução e focar nos altos níveis de responsabilidades dos profissionais de T&D, os quais são voltados integralmente para o desenvolvimento humano na organização.

1.1 A evolução da área de Recursos Humanos: do operacional ao estratégico

As empresas estão em constante evolução para se adequar ao contexto em que estão inseridas. Tudo muda a uma velocidade extraordinária. E com a área de Recursos Humanos não é diferente. Antes sua atuação era limitada, incumbida apenas dos trabalhos operacionais e burocráticos. Hoje passa a ser considerada fator estratégico do negócio, com a responsabilidade de conhecer a dinâmica organizacional, atrair e reter talentos, desenvolver seus colaboradores, trabalhar o capital humano para que dessa forma possa alcançar excelência em seus resultados, produtos e serviços, mantendo-se, assim, competitiva.

Portanto, a missão do profissional de recursos humanos passa a ser promover as condições necessárias para o desenvolvimento e o crescimento das pessoas e maior integração e responsabilidade no alcance dos objetivos organizacionais, sempre considerando o presente, mas com foco no futuro, uma vez que, com o passar do tempo, ocorrem modificações significativas nos âmbitos tecnológico, econômico, cultural e social, mas principalmente no que diz respeito às pessoas – ativo de maior valor organizacional, cuja contribuição é de extrema importância para a sobrevivência da empresa.

Os profissionais da área de Recursos Humanos devem possuir uma visão abrangente da nova realidade e conciliar os objetivos organizacionais com os objetivos individuais das pessoas, pois tanto as empresas quanto seus colaboradores possuem interesses, expectativas, desejos, aspirações, prioridades e/ou anseios que podem ou não ser comuns, dependendo de diversos aspectos e circunstâncias em relação à situação em que se encontram.

A empresa do século XXI possui diversos tipos de necessidades indispensáveis para sua sobrevivência no mercado, como competitividade e produtividade crescentes, melhoria contínua da qualidade de seus produtos ou serviços, redução de custos, ciclo de processos cada vez mais reduzidos, atualização tecnológica, lucratividade, entre outros. Devemos, então, cada vez mais nos distanciar de um modelo de gestão local para adotar um modelo global em que possamos buscar novos conceitos, metodologias e ferramentas e adaptá-los a nossa cultura.

Em contrapartida, para funcionar, toda empresa depende de seus recursos humanos, e estes, por sua vez, também têm suas necessidades. Geralmente, os tipos mais frequentes de necessidade e/ou anseio dos colaboradores são: treinamento e desenvolvimento profissional; perspectiva de carreira; reconhecimento profissional; aprendizagem de como compreender e conviver com adversidade; diretrizes, objetivos e metas da empresa bem definidos; regras e/ou critérios estabelecidos; profissionalismo e ética; liderança participativa; recompensas em termos de salários, benefícios, participação nos resultados, etc.

Para atender a essa nova realidade, a área de Recursos Humanos deve focar suas atividades nas necessidades e nas expectativas das empresas e das pessoas, considerando a evolução e as tendências do mercado de trabalho, de modo que ocupe uma posição de mais destaque e participação.

Antes era definida estritamente como departamento pessoal, responsável por contabilizar os registros dos operários, as horas trabalhadas, as faltas e os atrasos para efeitos de pagamentos ou de descontos. O chefe de pessoal, seja na Europa, nos Estados Unidos ou no Brasil, apresentava postura inflexível, focando apenas nas operações.

As grandes empresas então perceberam que seria preciso adquirir novos comportamentos de gestão a fim de conseguir otimizar os resultados produtivos. Assim, a área de Recursos Humanos também passaria por transformações com o intuito de melhorar sua atuação.

Em 1930, iniciou-se a fase contábil. A mão de obra dos colaboradores era "comprada", e sua entrada e sua saída eram contabilizadas.

Já entre 1930 e 1950, vivenciou-se a fase legal, com o surgimento da função "chefe de pessoal". Essa nova figura tinha como tarefa acompanhar a legislação trabalhista imposta pela Consolidação das Leis do Trabalho – CLT –, cuidando para que fossem cumpridas suas regras e normas.

Entre 1950 e 1965, houve a fase tecnicista, quando foi implantada a indústria automobilística no Brasil e criado o cargo gerente de relações industriais, o que acabou alterando os organogramas e os fluxogramas das empresas. Esses gerentes passaram, então, a operacionalizar as atividades de treinamento.

No mesmo período, destacou-se ainda a fase administrativa, marcada pelas relações entre capital e trabalho. Com isso, houve uma mudança significativa para os trabalhadores em virtude da força dos novos sindicatos e da passagem da burocracia e da operacionalização para um cenário humanístico, envolvendo mais as pessoas, ou seja, seus *stakeholders*[1].

Hoje deparamos com a fase estratégica. Podemos definir estratégia como um conjunto de decisões aplicado aos recursos disponíveis na empresa para alcançar os objetivos propostos.

O profissional de recursos humanos no nível estratégico é aquele que participa ativamente das decisões da empresa e do seu planejamento estratégico, desde o início, com a criação, até a implementação, oferecendo total apoio e acompanhamento e atuando de forma alinhada com as demais áreas da organização.

Diante desse contexto, o RH transforma-se em peça-chave na organização. Surgem então novas competências para que esse profissional consiga ter domínio da situação, trabalhando em sintonia com as outras áreas, preocupado com o desenvolvimento humano e organizacional, com maior ênfase na gestão de pessoas em busca de atingir os objetivos e os resultados estabelecidos.

---

1 *Stakeholders*: termo em inglês utilizado no meio corporativo que significa as partes envolvidas e interessadas. É formada por um grupo de funcionários da empresa, gestores, gerentes, proprietários, fornecedores, concorrentes, clientes, sociedade, Estado, credores, sindicatos, entre outros.

As pessoas são os pilares que sustentam a empresa; sem elas nada se pode fazer. O RH estratégico, portanto, deve atrair, desenvolver e manter essas pessoas por meio de uma gestão eficiente e eficaz do capital intelectual, estimulando a motivação de seus colaboradores e criando mecanismos que permitam conciliar as necessidades e os objetivos organizacionais com as necessidades e os objetivos pessoais de seus colaboradores para que não se choquem, além de mostrar resultados.

Sendo assim, pode-se considerar que a área de Recursos Humanos passa a ter um papel mais estratégico e menos operacional. Mas, para que isso de fato ocorra, é necessário que todas as áreas da organização trabalhem em sinergia, dando oportunidade para que os profissionais de RH atuem efetivamente nas estratégias organizacionais, de modo a causar impacto positivo na gestão de pessoas.

Os profissionais da área de Recursos Humanos, por sua vez, deverão conhecer profundamente o negócio da empresa, ter competência para visualizar o contexto empresarial contemporâneo, compreender a dinâmica e a verdadeira função do RH como principal responsável pela gestão e pela integração de três pilares fundamentais para os resultados organizacionais, a saber:

- Pessoas: por meio delas atingimos os resultados, portanto é preciso treiná-las e desenvolvê-las;
- Processos: desenvolvidos e gerenciados por pessoas, possibilita o conhecimento estruturado de qualquer organização;
- Tecnologia: com pessoas bem capacitadas, processos bem definidos e tecnologia para suportar as necessidades organizacionais, possibilita maior segurança e agilidade nos resultados.

Construindo conhecimento

Porém, não é em todas as organizações que o RH assume uma posição mais estratégica e menos operacional. Essa visão mais participativa ainda está se disseminando. No entanto, a maioria das organizações concorda com a necessidade de que a área de Recursos Humanos tenha maior destaque na hierarquia das decisões organizacionais.

1.2 Subsistemas integrados da área de Recursos Humanos

Torno a repetir que as organizações estão passando por consideráveis transformações, e a demanda por profissionais cada vez mais capacitados para atuarem nesse contexto de incertezas aumenta a cada dia.

Profissionais da área de Recursos Humanos devem possuir novas competências que proporcionem o desenvolvimento e o aperfeiçoamento dos seres humanos que atuam na organização, com foco na capacitação profissional dos trabalhadores e concentrando-se em sua manutenção e em todo o negócio que os envolve.

Por isso, é de extrema importância que as organizações estabeleçam sua visão de futuro, deixando claro o que realmente desejam para seu negócio e como pretendem chegar ao resultado final. É fundamental considerar a abrangência e a diversidade dos subsistemas pertencentes ao sistema integrado de Recursos Humanos para que, dessa forma, se possa ter condições de organizar e direcionar ações estratégicas em busca da melhoria contínua dos resultados, aspectos tão almejados pelas organizações.

Os subsistemas integrados de recursos humanos estão intimamente interligados entre si, daí a importância de entender a razão da existência deles, suas características e seu grau de necessidades e/ou contribuição para alcançar os resultados desejados. Também é preciso considerar tudo o que os cercam, como os aspectos internos e os aspectos externos – *stakeholders*. Vale a pena avaliar os riscos e as oportunidades que as organizações podem obter e verificar a necessidade de maior investimento em uma atividade ou em outra.

Os subsistemas integrados de recursos humanos iniciam-se quando a organização identifica a necessidade de se suprir de pessoas por meio de contratações e têm continuidade na aplicação de práticas do dia a dia. Depois se criam mecanismos para manter os profissionais contratados engajados no trabalho; e, durante todo o tempo em que estiverem dentro da organização, eles devem ter a oportunidade de participar de programas de treinamento e desenvolvimento.

É de extrema importância que haja maior comunicação e troca de informações entre os diversos subsistemas, a fim de proporcionar soluções eficazes e manter a continuidade dos esforços requeridos, além de caminhar na direção da melhoria, fazendo os devidos ajustes por meio das manutenções.

Os gestores/líderes devem trabalhar estrategicamente com a área de Recursos Humanos visando alinhar os subsistemas uns com os outros para não sobrecarregar uma das partes. O trabalho em conjunto dos profissionais viabiliza muito a aplicação de ações dos subsistemas integrados da área de Recursos Humanos.

Por exemplo, quando um processo de recrutamento e seleção é realizado de maneira profissional, pressupõe-se que os aprovados apresentam competências técnicas e competências comportamentais, qualificação e potencial equivalentes com as funções a serem executadas no momento, ou seja, considera-se que possuam um perfil ou apresentem características compatíveis com os cargos a ser preenchidos.

Assim, será de responsabilidade do profissional de T&D e dos gestores/líderes criar ações para reter esses funcionários e proporcionar condições de desenvolvimento e crescimento individual com o objetivo de cumprirem as metas em favor do sucesso organizacional.

É indispensável que todos os funcionários passem por um processo de T&D desde a sua entrada na organização, quando são contratados e durante toda a sua trajetória. Porém, se o processo de recrutamento e seleção é mal conduzido, acarretando uma má escolha, todo o sistema de RH fica comprometido, sofre influências e torna-se necessário empregar mais esforços no programa de T&D durante um período maior para suprir determinada necessidade.

Caberá, então, uma ação integrada de T&D com o objetivo de implementar programas de treinamentos técnicos e/ou comportamentais para que os funcionários tenham oportunidade de desenvolvimento e, assim, possam contribuir efetivamente para o alcance dos resultados organizacionais.

Em um processo de socialização/integração de novos funcionários, é fundamental dizer o que é esperado deles, mas também ouvir suas expectativas referentes à organização. O acompanhamento efetivo com foco no desempenho esperado e no desempenho apresentado contribuirá significativamente para que haja maior compreensão e auxiliará na determinação das devidas ações a serem tomadas. Para reter profissionais que possuem vastas competências técnicas e competências comportamentais e, consequentemente, mantê-los com desempenho elevado, motivados, engajados e comprometidos com os resultados organizacionais, é preciso que a área de Recursos Humanos concentre-se em ações integradas, como ter uma base de remuneração competitiva e um pacote de benefícios equivalentes aos oferecidos pelo mercado, com oportunidade de desenvolvimento profissional, ascensão de carreira, bem como trabalhar em um clima organizacional favorável, possibilitando boa administração da qualidade de vida.

Quando é feita uma avaliação de desempenho com os funcionários e os resultados não são os desejáveis, é preciso que a área de Recursos Humanos reforce a eles o comportamento e os resultados esperados pela organização. É necessário realizar ações de programa de T&D, proporcionando *feedback* e estabelecendo um Programa de Desenvolvimento Individual (PDI), a fim de melhorar a performance desses colaboradores, para que, posteriormente, consigam realizar com eficiência, eficácia e efetividade o que lhe foi proposto.

Todas as ações investidas em cada um dos subsistemas integrados de recursos humanos deverão ser encaradas como um ganho para ambas as partes. Para a organização será um investimento com retorno satisfatório, e para os profissionais será um benefício ligado à aprendizagem, ao desenvolvimento de competências, habilidades e atitudes e ao crescimento profissional.

Sempre haverá necessidade de verificar se todos os subsistemas estão de acordo com as estratégias organizacionais, se é preciso adaptá-los a um novo cenário, considerar as mudanças corporativas, atender às necessidades dos clientes internos e externos e implementar ações que estimulem a inovação e a aprendizagem. Um subsistema completa o outro, e todos devem trabalhar simultaneamente para que as ações possam ser realizadas satisfatoriamente.

Não existe uma ordem específica para a implantação desses subsistemas. O que ocorre, geralmente, é que se deve considerar a função das necessidades e/ou os estágios

Construindo conhecimento

de evolução das organizações, e as atividades e/ou os programas vão sendo implementados ou moldados de acordo com as condições organizacionais. Para estruturar um subsistema integrado de recursos humanos de maneira eficaz, é preciso que o empreendedor possua uma visão moderna e abrangente sobre administração de recursos humanos, que planeje e dimensione a sua implantação na empresa de forma estratégica, direcionada a resultados. Em seguida, de acordo com as necessidades detectadas no dia a dia, as empresas vão agregando atividades e programas de Recursos Humanos para suprir deficiências e necessidades da área.

Pode-se considerar que primeiro o empreendedor planeja como pretende alcançar os resultados organizacionais. Por exemplo, nas atividades de recrutamento e seleção, é importante escolher candidatos com perfis, competências e principalmente comportamentos compatíveis com o que está sendo esperado, já visualizando as necessidades de treinamento. Dessa maneira terá retorno com esse possível colaborador e evitará que a organização tenha prejuízo. Com o decorrer do tempo, esse empreendedor vivencia na prática o que está ocorrendo na organização e verifica a necessidade de implantar determinadas atividades pertinentes aos *gaps* (lacunas) existentes.

É fundamental enfatizar, porém, que o quadro poderá apresentar diferentes configurações dependendo das peculiaridades de cada empresa, da diversidade de atividades e da condição de agrupamento.

Subsistemas integrados da área de Recursos Humanos – verificar o quadro.

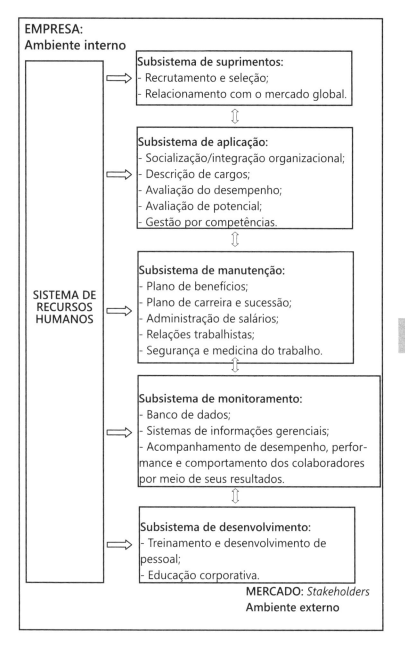

Todos esses subsistemas devem estar ancorados em políticas e diretrizes capazes de promover benefícios e alcançar resultados. O papel da liderança junto à área de Recursos Humanos e ao profissional de T&D é fundamental para a realização de ações de melhoria, desenvolvimento e manutenção dos subsistemas.

No sistema de recursos humanos é indispensável realizar ações condizentes com a necessidade organizacional e que estejam de acordo com as tendências do mercado para contemplar cada um dos subsistemas integrados de recursos humanos.

1.3 Qual é a estratégia

Focar na estratégia é crucial para toda organização que deseja alcançar produtividade em seus serviços e/ou produtos e almeja ter sucesso e ser competitiva no mundo corporativo.

É preciso que as organizações tenham foco em onde estão e aonde pretendem chegar. Gestores, líderes e profissionais de T&D precisam definir suas estratégias de negócio, isto é, traçar os ciclos ou os objetivos que devem ser alcançados para a realização do trabalho. É importante que os objetivos estratégicos sejam claros, de modo que todos os envolvidos compreendam e canalizem seus esforços a fim de alcançá-los.

De acordo com Joiner, para estabelecer uma estratégia, a organização deve considerar três componentes: qualidade, abordagem científica e mesma equipe. Apresento a seguir uma adaptação dessas três abordagens, trazendo uma interpretação maior que pode incluir:

- Percepção do cliente externo referente à qualidade no segmento em que a empresa atua: a empresa deve compreender as necessidades e o nível de satisfação do cliente, analisar as preciosas informações dadas e traçar melhorias, verificar os pontos a serem desenvolvidos e tomar as devidas decisões. Uma ferramenta que se pode aplicar para verificar a percepção do cliente em relação ao negócio organizacional é a pesquisa de satisfação do cliente.

- Administrar a organização: é necessário saber administrar a organização como um sistema, considerando todos os subsistemas existentes e aplicando as devidas ações para melhorar o processo de maneira contínua.
- Trabalho em equipe: trata-se de acreditar no potencial de cada pessoa, delegar responsabilidades e fazer com que todos empreguem sua força em prol da estratégia.

Todo planejamento deve ser revisto posteriormente para ajustar e alinhar algo. Depois de planejada a estratégia, é hora de colocá-la em prática, sendo o ponto fundamental chegar ao fim do projeto.

Quando a gerência estabelece a estratégia, é primordial comunicar o que foi definido a todos os colaboradores da organização e transformar a estratégia em ação, pois somente com uma comunicação eficaz ela será bem executada. Os principais responsáveis por disseminar e comunicar a estratégia são os gestores/líderes de cada área com o apoio dos profissionais de T&D.

A pior coisa que pode acontecer em uma organização é a estratégia existir no papel, mas não ser comunicada aos colaboradores, que ficam sem saber o que devem fazer e sem compreender o que é esperado deles. Desse modo, eles podem até executar suas tarefas, mas não alcançarão a eficácia, pois não enxergam o motivo de seu trabalho, o que dificulta a efetividade da estratégia estabelecida.

Cada gestor/líder deve transmitir com transparência aos

colaboradores as estratégias que estes deverão seguir e enfatizar a contribuição e o valor de cada um nesse processo.

É indispensável que a área de T&D alinhe-se à estratégia organizacional, pois caberá a ela oferecer suporte às demais áreas e potencializar as práticas e os comportamentos esperados dos colaboradores.

Considero que os profissionais de T&D são a chave fundamental para que a estratégia de fato ocorra e para que haja uma profunda compreensão desse processo. Esses profissionais terão a missão de trabalhar as competências organizacionais e individuais, de acordo com as estratégias estabelecidas.

2. DESAFIOS DOS PROFISSIONAIS DE T&D

Primeiro é necessário ter em mente o conceito de Treinamento e Desenvolvimento, para que, dessa forma, os profissionais da área possam compreender melhor de que maneira podem criar mecanismos e utilizar diversas ferramentas em favor do desenvolvimento humano e organizacional e obter os resultados desejados. Empresas se voltam a valorizar o capital humano, identificando talentos e extraindo de seus comportamentos ações que elevem os resultados organizacionais.

2.1 Treinamento

Pode-se considerar o treinamento um processo de aprendizagem que foca na melhoria constante do desempenho funcional e na absorção e construção do conhecimento. Quando o colaborador retoma suas funções depois de um treinamento, espera-se que ele coloque em prática o aprendizado adquirido por meio de ações, atitudes e comportamentos.

O treinamento tem papel fundamental na otimização de resultados nas organizações, pois foca nos objetivos a serem alcançados por meio das pessoas. É ainda considerado um fator motivacional, tendo em vista que o conhecimento é um dos elementos-chave propulsores da satisfação no trabalho, uma vez que não é somente a remuneração que retém as pessoas nas organizações, principalmente as talentosas.

Assim, o treinamento está fundamentalmente ligado ao processo produtivo e tem relação direta com a quantidade produzida, pois torna mais ágil a busca por melhor produtividade e consequentemente alcança os resultados esperados.

O treinamento é a preparação da pessoa para executar da melhor maneira possível sua atividade em seu cargo atual, é quando os colaboradores devem desenvolver conhecimentos, habilidades e atitudes, sendo flexíveis diante do que lhes é proposto, adquirindo outro tipo de comportamento e desprendendo-se de antigos paradigmas que os seguiam e acreditavam ser verdadeiros.

O treinamento é a base para que os colaboradores possam ter um desempenho satisfatório em relação a suas atividades e um norte para onde se guiar.

Certamente o processo de desenvolvimento é inerente ao processo de treinamento; porém, o contrário não é verdadeiro: uma empresa pode oferecer treinamento, mas não ter desenvolvimento.

Vale a pena ressaltar que, embora seus méritos sejam similares para afetar a aprendizagem, a perspectiva de tempo em relação ao treinamento é diferente, pois ele é orientado para o presente; o aqui e agora.

O desenvolvimento de pessoas focaliza geralmente cargos a serem ocupados futuramente na organização e as novas habilidades e capacidades que serão requeridas. Ambos, treinamento e desenvolvimento, estão intimamente relacionados e constituem processos de aprendizagem.

Com o treinamento, as organizações esperam que seus colaboradores consigam superar suas dificuldades, aprendendo a executar suas tarefas de maneira diferente e utilizando os novos conhecimentos para concretizar o que lhes está sendo proposto. É a passagem do intangível (aprendizagem) para o tangível (prática), voltados ao processo de trabalho.

2.2 Desenvolvimento

Considera-se desenvolvimento um conjunto de oportunidades de aprendizagem que pode ser proporcionado pela organização e que auxilia no crescimento profissional e pessoal dos funcionários.

O desenvolvimento de pessoas está mais relacionado com a educação e com a orientação para o futuro do que o treinamento.

Por educação, consideram-se mais as atividades de desenvolvimento pessoal, que estão relacionadas com os processos profundos de formação da personalidade e de melhoria da capacidade para compreender e interpretar o conhecimento, e menos a repartição de um conjunto de fatos e informações a respeito de habilidades motoras ou executoras. O desenvolvimento está focado no crescimento pessoal do empregado e visa sua carreira futura, e não apenas o cargo atual. Todos os funcionários devem ter condições de se desenvolver.

Na abordagem tradicional, o desenvolvimento gerencial era reservado apenas a uma pequena fatia do pessoal: apenas aos níveis mais elevados. Com a redução de níveis hierárquicos e a formação de equipes de trabalho, os empregados passaram a ter maior participação nos objetivos de seus cargos e maior preocupação com a qualidade e com os clientes.

O desenvolvimento está voltado à aprendizagem do ser

humano, na qual ele vivencia diversas situações e percebe com outro olhar suas experiências, extraindo novos conceitos e melhores formas de agir ou de pensar, sempre disposto e motivado a atuar efetivamente em qualquer situação.

Quanto mais as pessoas aprendem, mais elas crescem, evoluem, tornam-se melhores e podem contribuir para os resultados organizacionais com uma visão integrada.

Tanto o treinamento como o desenvolvimento são compreendidos como um processo contínuo de aprendizagem. Sua proposta está baseada na educação durante toda a trajetória da carreira do profissional, visando o desenvolvimento humano e organizacional.

2.2.1 Andragogia: educar para transformar

A palavra "andragogia" vem do grego *andros*, que significa adulto, e agogôs, que denota educar.

A andragogia corresponde à ciência de orientar adultos no processo de ensino-aprendizagem. O ensino é baseado na troca de experiência entre adultos: o que educa (facilitador/multiplicador) e quem é educado (aprendiz).

Os adultos aprendem de modo diferente das crianças. As crianças, dependentes de seus educadores, não possuem experiência acumulada e aprendem de forma mais rápida; além disso, a prática ou a aplicação do conhecimento adquirido é voltado para o futuro. Já os adultos concentram suas energias somente no que acreditam ser relevante e em algo que lhes proporcione valor e significado. Assim, a aplicação daquilo que aprendem é voltada para o presente. A experiência de cada um interfere no aprendizado.

A idade adulta traz a independência, e cada pessoa carrega consigo uma bagagem de vida, aprende com seus próprios erros, analisa criticamente cada informação que recebe e filtra aquilo que melhor lhe convém.

É necessário que o adulto dê espaço a novos conhecimentos e permita-se enxergar possibilidades diferentes daquelas do cotidiano, é preciso sair da zona de conforto, se redescobrir continuamente, construir e desconstruir.

A aprendizagem representa um processo contínuo para nós. Todo ser humano é capaz de aprender durante a vida inteira quando existe motivação para a aprendizagem, ambiente desafiador e propício, autoconfiança e autoestima, sem cobranças e sem punições.

A Pedagogia não atende às expectativas nem às necessidades dos adultos, ao passo que a metodologia andragógica de ensino-aprendizagem vem com um ritmo diferente, proporcionando a troca de conhecimentos e a prática diária.

Assim como o nosso físico, precisamos continuamente exercitar e cuidar também do nosso intelecto. Quanto mais buscamos informações e conhecimento, mais estamos aptos a aprender, tendo uma mente mais sadia e ativa.

"Aprende-se fazendo. Se ouço, esqueço. Se vejo, me lembro. Se faço, aprendo." (Sabedoria chinesa)

Os adultos aprendem fazendo, mas a teoria é fundamental para que tenham base e noção; no entanto, o aprendizado vem com a prática. Para que ela realmente seja traduzida por meio do comportamento, é necessário praticar constantemente.

Partindo para um processo de treinamento corporativo, é necessário considerar alguns pontos que interferem na aprendizagem dos adultos. Segundo Boog (2006):

- Adultos aprendem o que querem: eles sentem a necessidade e a importância da aprendizagem e como isso vai contribuir e impactar sua vida. Para aprender é preciso estar aberto e disposto às novas propostas, livre de julgamentos e paradigmas.

Construindo conhecimento

- Adultos aprendem muito aquilo que necessitam aprender: eles não vão se submeter a aprender algo sem que realmente necessitem ou que não gere significado de valor. É preciso que exista uma necessidade real, um motivo para buscar o conhecimento. Nesse estágio, o aprendizado é aplicado de maneira imediata, isto é, aprender hoje para utilizar amanhã.
- Adultos aprendem fazendo: a partir do momento em que praticam o que foi exposto, eles conseguem aprender de maneira mais eficaz, mas esquecem rapidamente quando não praticam o que aprenderam.
- Adultos aprendem centrados na realidade: caso o conteúdo não esteja condizente com a realidade e se não for possível sua prática, eles não vão se interessar em aprender nem vão absorver o conhecimento transmitido. É necessário que tudo que lhes é ensinado seja relevante e próximo de sua realidade.
- Experiência afeta a aprendizagem dos adultos: quando eles possuem experiência diante do que está sendo exposto, tendem a ligar os fatos, somando o que já sabem e os novos conceitos. Em algumas situações as pessoas podem apresentar resistência ou objeções ao que está sendo ensinado em razão de possuir certa experiência negativa em relação ao assunto. É necessário, portanto, que todos estejam abertos à aprendizagem, que extraiam o lado positivo de cada caso e unam os novos conhecimentos com aquilo que já sabem.
- Adultos aprendem melhor em ambiente informal: o ambiente de aprendizagem voltado para eles deve ser descontraído, valorizando a troca de experiência e a reflexão. O ambiente não deve lembrar uma sala de aula convencional para não ser relacionado a suas experiências anteriores, como, por exemplo, em sua infância. Os adultos tendem a aprender de

forma informal e sem cobrança.

- Adultos precisam que o treinamento seja autodirigido: o papel do instrutor é orientar e facilitar a aprendizagem, mostrando o melhor caminho a seguir.
- Adultos precisam estar motivados a aprender: motivação corresponde ao motivo que nos leva à ação, ou seja, quando têm interesse e perspectivas em relação ao seu desenvolvimento, eles aprenderão mais facilmente. A motivação está no interior de cada um, porém os estímulos externos, como boas técnicas de ensino, podem elevar o nível de motivação das pessoas.
- Variedade de métodos auxilia na aprendizagem: como cada pessoa absorve e compreende de maneira diferente o que está sendo transmitido, é preciso que o multiplicador apresente a mesma ideia de várias maneiras, utilizando diversos recursos que atinjam os canais de percepção de cada um.

Construção do conhecimento

APRENDIZAGEM
CONCEITO
VIVÊNCIA
ABSORÇÃO
APLICAÇÃO

Construindo conhecimento

- Processo de ensino-aprendizagem:

> Lembramos 10% do que lemos; 20% do que ouvimos; 30% do que vemos; 50% do que vemos e ouvimos; 80% do que falamos; 90% do que dizemos e fazemos.

O processo de ensino-aprendizagem ocorre em três fases. São elas:
1. Aquisição de dados;
2. Informação;
3. Conhecimento.

Os dados representam uma sequência de números e palavras que por si só não forma um contexto específico. Para que sejam compreendidos e tenham valor, é necessário transformá-los em informação.

Portanto, informação é a leitura dos dados decodificados e organizados, o que proporciona significado, por meio de textos, imagens, sons ou animação.

Assim, as informações são transmitidas por meio da comunicação, e o interlocutor processa essa informação, absorve o que lhe agrega valor e constrói seu conhecimento.

Memorizar frases ou textos não quer dizer que a pessoa aprendeu ou sabe. Em muitos programas de treinamentos, os funcionários recebem as informações, repetem o que ouviram, porém suas atitudes e seus comportamentos não são condizentes com sua fala, ou seja, eles não incorporaram de fato o que foi transmitido.

"A aprendizagem é a transformação do conhecimento em atitudes e comportamentos. É a absorção de novos conceitos que, somados com as experiências já existentes no interior de cada pessoa, fazem a diferença."

A partir do momento que a informação fizer sentido e

houver interpretação por parte da pessoa em treinamento, será gerado o conhecimento.

Depois que ela já possui esse conhecimento, é necessário externá-lo, isto é, demonstrar o "saber" por meio de atitude ou de um conjunto de ações.

O ser humano aprende por meio de ensaio, de tentativa e erro. Quando uma pessoa está com certa dificuldade em determinada tarefa, significa que ela não aprendeu de fato como realizá-la.

Por um lado, é necessário que as organizações forneçam todas as ferramentas para que os funcionários construam seu conhecimento em relação ao trabalho. Por outro, os funcionários precisam se responsabilizar por suas ações, assumir os riscos e mostrar o que sabem.

É importante que as organizações mensurem a mudança de comportamento dos funcionários em nível de aprendizagem. Validar resultados e criar indicadores proporcionará parâmetros que facilitarão a visão de como estão os recursos humanos da organização, para, dessa maneira, estabelecer ações de melhorias. É impossível gerir sem mensurar, o que não é mensurado não pode ser melhorado.

Um músico, um dançarino ou um atleta dedicam-se horas do dia treinando para chegar ao seu objetivo.

No mundo empresarial cada funcionário deve ter consciência da importância de melhorar sua performance e treinar continuamente, aperfeiçoando suas competências, desenvolvendo suas habilidades e descobrindo novos talentos em si mesmo.

- Tipos de aprendiz

Todo ser humano capta e compreende informações pelos canais de percepção: visual, auditivo e sinestésico. Cada um de nós processa melhor as informações apresentadas em um desses canais.

Construindo conhecimento

Algumas pessoas têm maior assimilação por meio de imagens, outras pelo som e outras pelas sensações, como tato, olfato ou paladar. É essencial identificar o tipo de aprendizagem das pessoas a fim de poder criar condições propícias e adequadas ao seu desenvolvimento.

- Visual: faz uso da visão como meio de obter e reter as informações. É capaz de criar uma imagem imediata a partir da mensagem recebida. Sempre verifica o que está ocorrendo a seu redor. Precisa ver para compreender o que está sendo transmitido.
- Auditivo: vale-se da audição para absorver informações. Ouve com atenção o que está sendo dito e compreende melhor quando a mensagem é transmitida de forma detalhada.
- Sinestésico: aproveita-se dos sentidos relacionados ao movimento para guardar informações. Aprende na prática, ou seja, fazendo.

- Como lidar com cada tipo de aprendiz:
- Visual: apresente recursos audiovisuais sobre o conteúdo, utilize material ilustrativo, tabelas, esquemas, desenhos, fluxogramas, gráficos, entre outros, para uma compreensão eficaz.
- Auditivo: repita as palavras de maior ênfase, tenha voz firme, converse bastante sobre o assunto apresentado.
- Sinestésico: procure expor o assunto de forma mais dinâmica e lúdica, altere o tom de voz, faça movimentos com os braços, movimente-se pelo ambiente.

Em uma empresa, o treinamento é voltado para os adultos, mas é fundamental que os profissionais da área de T&D tenham consciência de que cada pessoa pode aprender de maneiras diferentes. A metodologia a ser aplicada no treinamento deve ser alinhada ao perfil dos participantes, para que assim gere conhecimento a todos.

2.3 Capital humano

No início do século XIX declarava-se que a riqueza era alavancada por meio de investimentos como, por exemplo, na tecnologia de ponta. Já no final desse século outra fase estabeleceu que a liderança do mercado era de quem tivesse o poder da informação, portanto a ordem era investir em informática.

Com a chegada do século XX destaca-se a era do conhecimento, na qual o conhecimento é a fonte de riqueza e competitividade organizacional. Já no século XXI, várias organizações passam a ter nova percepção referente às pessoas e dão um novo olhar a um tesouro de valor inigualável, o "capital humano".

As organizações conscientizam-se de que as pessoas são recursos determinantes para seu progresso, ou seja, seu bem maior, e começam a pensar nelas e a geri-las como parte de seus investimentos.

Em virtude da competitividade, a busca incessante por pessoas qualificadas e que sejam capazes de fazer a diferença no mundo dos negócios cresce continuamente, e as organizações procuram mecanismos, ferramentas e formas de gestão que foquem no aperfeiçoamento profissional, com a finalidade de traduzir o potencial humano em desempenho.

Os traços de personalidade, a habilidade de aprender, a capacidade de inovação, a criatividade, a adaptabilidade diante das mudanças e a motivação para compartilhar informações e conhecimentos são conjuntos que constituem o "capital humano" no mundo corporativo.

Atualmente as organizações não são mais vistas como um apanhado de maquinários em que um "exército" de trabalhadores executa suas tarefas e entrega somente o produto. As organizações devem ser vistas como seres vivos, pois são compostas de pessoas dotadas de conhecimento que não apenas entregam o produto, mas fazem acontecer.

Cada pessoa apresenta experiências, características, atitudes e vidas diferentes, mas todas têm potencial para determinada área, e este pode ser descoberto ou valorizado por meio do treinamento e do desenvolvimento.

Com a capacitação, cada pessoa terá condições de aprimorar suas habilidades, melhorar seu comportamento, aprender novos conceitos, assimilar informações e, ao longo do tempo, construir seu próprio conhecimento. O conhecimento, por sua vez, é particular de cada indivíduo, pois sua forma de absorção difere de pessoa para pessoa.

Toda organização possui seu arsenal de capital humano, que é sua força de trabalho e representa o maior diferencial e a identidade de cada empresa. É indispensável, portanto, que o profissional de recursos humanos identifique e tenha, além da visão holística do potencial das pessoas, a percepção de atrair os melhores talentos, passando a conhecê-los profundamente para conduzi-los a programas adequados de T&D, a fim de, assim, criar um ambiente propício ao desenvolvimento e à participação dos colaboradores, que também poderão aprender, trocar e compartilhar seu conhecimento, de modo a contribuir e agregar valor à empresa.

Essa ação de atrair e reter talentos ganhou espaço na sala de reuniões de diversas empresas, pois as pessoas são as fontes, a matéria-prima, para o alcance dos resultados e, portanto, o fator fundamental para o sucesso organizacional.

É o que as pessoas possuem em seu interior, esse bem intangível, que se torna valioso e alvo dos *headhuntings*[2]

---

2. *Headhunter* é um termo em inglês que significa, literalmente, "caçador de cabeças". A função do *headhunter* é "caçar" os melhores profissionais do mercado

na caça aos grandes talentos. Trata-se de seres humanos com "algo mais" a oferecer, cada qual dotado de peculiaridades espetaculares que de fato geram valor aos negócios organizacionais e, somados um a um, formam o capital humano de uma organização.

2.4 O profissional de T&D: desafios do presente e tendências para o futuro

Os profissionais de T&D têm enfrentado cada vez mais exigências do mundo corporativo, em razão de incertezas econômicas, mudanças tecnológicas e novas necessidades sociais que afetam significadamente suas tarefas, seu modo de agir e seu papel dentro desse contexto. Antes treinadores, agora são considerados e até chamados de analistas de desempenho. Muda a nomenclatura, e aumentam ainda mais os desafios e as responsabilidades dos profissionais da área.

No passado, treinamento e desenvolvimento eram trabalhados separadamente. Havia apenas um profissional para transmitir o conhecimento aos treinandos e outro que era responsável pelo levantamento das necessidades e pelo acompanhamento do processo.

Hoje, treinamento e desenvolvimento são trabalhados simultaneamente, são considerados parte de um todo, e profissionais de T&D desdobram-se para equilibrar esse processo e alinhá-los com as necessidades organizacionais e as tendências do mercado.

Podemos voltar ao passado e traçar um breve panorama para ilustrar as marcantes mudanças que ocorreram durante um período que deu origem ao que está acontecendo no presente e ao que virá no futuro.

Na Primeira Revolução Industrial, o trabalhador era em áreas executivas. Normalmente, são procurados por grandes empresas que pretendam contratar o profissional ideal para sua organização.

Construindo conhecimento

considerado apenas parte de uma engrenagem de máquina, a qual devia entregar sua força física, por isso tinha tendência a se tornar alienado. Os gestores e os especialistas da época tinham como principal tarefa organizar e controlar os processos de trabalho.

Esse trabalho desqualificado e sem treinamento segue até a Segunda Revolução Industrial. Já na Terceira Revolução Industrial, o cenário muda com o surgimento de novas tecnologias. Na base da microinformática e das máquinas computadorizadas, é necessária a capacitação da força de trabalho por meio de um tempo maior de treinamento. Sendo assim, o profissional de T&D passa a capacitar não apenas gerentes ou especialistas como antes, mas também a treinar os trabalhadores do "chão de fábrica". Essa nova visão foi sendo disseminada pelo mundo inteiro.

As transformações não pararam de ocorrer. Foram criadas as células de produção, com equipes multifuncionais; em vez da detenção do poder, é desenvolvida a autoridade; enfim, as organizações perceberam que a democratização das relações de trabalho otimiza resultados e traz benefícios.

Diante desse cenário, o profissional de T&D passa a redesenhar e reorganizar todo o processo de treinamento para auxiliar de forma estratégica e manter atualizados os quadros da organização, desde a liderança até o "chão de fábrica".

No presente, não basta somente treinar as pessoas, mas é preciso também desenvolvê-las e educá-las no sentido da aprendizagem, partindo do individual para o coletivo no âmbito organizacional. O processo de T&D precisa ser contínuo e deve ser considerado um elemento de valor dentro das organizações.

É fundamental capacitar as pessoas, identificar e preencher os *gaps*[3] existentes, para que todos possam acompa-

---

3. *Gap* é uma palavra inglesa que significa lacuna, vão ou brecha. A palavra é também utilizada com o significado de diferença. De acordo com a economia, *gap*

nhar os processos e ser responsáveis pelos resultados obtidos, por meio da contribuição com seus esforços, sua criatividade e sua inovação.

O profissional de T&D é o articulador dessa nova estrutura organizacional, assumindo responsabilidades que afetam intimamente o ambiente organizacional. Com os gestores de cada área, o profissional de T&D deve demonstrar o produto do treinamento qualitativa e quantitativamente, criar mecanismos, utilizar diversas ferramentas capazes de preparar os indivíduos para determinada função, proporcionando-lhes condições adequadas para seu desenvolvimento profissional e humano.

A necessidade de desenvolvimento humano organizacional é algo que não se esgota e estimula o profissional a buscar outras perspectivas, perceber novas oportunidades, conhecer seu cliente interno e externo e extrair o máximo de potencial de cada trabalhador.

Hoje, mais do que nunca, as pessoas devem ser muito bem conduzidas para que alcancem os resultados pretendidos. Dessa forma, cabe ao profissional de T&D auxiliar desde o levantamento da necessidade de treinamento até a avaliação dos resultados dele, sempre mesclando e alternando com inovações e suas experiências, sendo necessário todo um acompanhamento desse processo.

Com a finalidade de viabilizar o processo de T&D, os profissionais da área devem utilizar as mais variadas ferramentas, como *softwares*; programas integrados de gestão de recursos humanos, estimativa anual de treinamento; programa mensal de treinamento; comunicação interna; *follow-up* mensal de treinamento, entre outras.

Uma que está em evidência e tem contribuído perceptivelmente para a criação de novos hábitos de aprendizagem é a educação a distância (EAD), a qual possibilita ao

---

é a diferença entre o valor real e o valor previsto de alguma coisa.

Construindo conhecimento

funcionário ter o aprendizado em suas "próprias mãos".

Quando o profissional passa a adotar alguma das ferramentas, é de extrema importância que a conheça e a alinhe com as necessidades e as estratégias organizacionais. É importante entendê-la e que seja bem estruturada para obter sucesso com sua utilização.

Os desafios com que mais se deparam os profissionais de T&D são determinar um programa de treinamento e desenvolvimento capaz de despertar nos treinandos motivação para transferir o conhecimento para o comportamento; assegurar contribuições tangíveis aos resultados organizacionais e que as mudanças comportamentais ocorram de fato; ter conhecimento da tecnologia com a utilização de treinamentos virtuais; ter o cuidado e a preocupação quanto ao que vai passar para os indivíduos com transparência nos conteúdos apresentados.

Em virtude desses desafios, os profissionais devem dar respostas rápidas e assertivas; criar formas inovadoras de T&D e utilizar abordagens alternativas para não representar algo maçante, tornando engessada a aplicação do treinamento; optar por indicadores que sejam mensuráveis; focar sempre nas competências a serem supridas e rever constantemente os acontecimentos que os cercam.

O mundo corporativo requer e continuará requerendo uma visão mais abrangente por parte dos profissionais de T&D, ou seja, que criem novos métodos de gestão de pessoas e de processos e saibam proporcionar e implantar mudanças para o desenvolvimento humano, mas também ofereçam total suporte aos colaboradores.

Com o processo de reestruturação, o objetivo do profissional de T&D não é apenas treinar pessoas para cumprir tarefas e ordens. O processo de T&D vai além da capacitação para o processo. Nesse novo quadro, os profissionais devem focar em treinamentos que desenvolvam senso de equipe e capacidades interpessoais, de cooperação e negociação; estimular o espírito de equipe e desenvolver líderes, equipes multifuncionais, entre outros.

Torno a enfatizar que o profissional de T&D deve trabalhar de forma equilibrada com os gestores de cada área. É um compromisso verificar as tendências e propor aos setores soluções para a melhoria e o desenvolvimento humano e organizacional.

É absolutamente indispensável que esse profissional se atualize cada vez mais, que busque conhecimento e crescimento profissional e pessoal para ter condições de realizar um trabalho que traga sucesso a todos os envolvidos.

Além de ter a preocupação de capacitar e desenvolver outra pessoa, é indispensável que também busque sua capacitação e seu desenvolvimento, pois ninguém pode oferecer algo de qualidade quando não o possui.

Hoje, muitos trabalham por projetos, não ficam mais condicionados a uma única empresa e prestam seus serviços a várias organizações. A tendência é aumentar o número de profissionais com esse perfil dinâmico, seguindo modelos de consultorias empresariais, de modo a alinhar o treinamento e as necessidades das atividades de negócio.

Esses profissionais não vendem apenas conteúdo a seus clientes, mas também imagem, ideias e abordagens. Eles devem ser e fazer a diferença no ambiente organizacional, possuir autogestão para poder conduzir outras pessoas e agir para transformar e conhecer cada vez mais o ser humano de maneira integral.

2.4.1 A janela de Johari: uma ferramenta a ser utilizada

Janela de Johari é uma ferramenta conceitual, criada por Joseph Luft e Harrington Ingham em 1955, que tem como objetivo auxiliar no entendimento e na compreen-

Construindo conhecimento

são referente à comunicação interpessoal e nos relacionamentos com um grupo. A palavra Johari tem origem na composição dos prenomes dos seus criadores: Jo(seph) e Hari(Harrington).

Trata-se de um diagrama que apresenta quatro retângulos (quatro áreas) no formato de janelas, em que se pode ter a percepção de um indivíduo em relação a si mesmo, entre outros indivíduos, grupos ou organizações. Considera-se que cada pessoa possui quatro imagens distintas, as quais ela tem consciência de estarem presentes em seu íntimo, mas há outras que acabam sendo despercebidas. O conceito tem um modelo de representação que permite revelar o grau de lucidez nas relações interpessoais, relativamente a um dado ego, classificando os elementos que as dominam em um gráfico de duas entradas (janela): busca de *feedback* versus autoexposição.

Em seguida, apresento as quatro áreas para auxiliar as pessoas em sua autopercepção:

- **Área livre ou Eu aberto** – zona conhecida pelo ego e também pelos outros; é aquela que tanto você como as outras pessoas conhecem e percebem. Nessa área ocorre maior troca de informações e facilidade de relacionamento. Há a exposição da personalidade de que o próprio indivíduo tem conhecimento, compartilha com os demais e deixa transparecer de modo espontâneo. Em um processo de recrutamento e seleção, por exemplo, essas características podem ser inicialmente identificadas pelo profissional, facilitando a escolha do candidato de acordo com o perfil da vaga, visto que o ego é de conhecimento de todos. O profissional pode optar ainda por utilizar diferentes técnicas de seleção, como a dinâmica em grupo, para facilitar e identificar melhor as características do indivíduo, uma vez que o estimulará a expor seu conhecimento, suas habilidades, suas atitudes, seus sentimentos e seus traços de personalidade. Quando se parte para o processo de treinamento, essas características em evidência podem ser ainda mais potencializadas e fortalecidas.

- **Área cega ou Eu cego** – zona de conhecimento percebida apenas pelos outros e, portanto, desconhecida do ego; é aquela que só você não vê, mas os outros conhecem. É a área que a pessoa não percebe em si próprio, mas que faz parte de sua personalidade e é transmitida aos outros por meio das atitudes ou dos comportamentos. É esse aspecto que as pessoas muitas vezes criticam, elogiam ou oferecem sugestões sobre o modo de ser de outrem. Nessa área a pessoa pode ser ajudada para se descobrir e melhorar o que é. Essas características despercebidas pela própria pessoa podem ser positivas ou negativas. No ambiente de trabalho, por exemplo, em que há trabalho em equipe, uma pessoa pode se sobressair bem com um forte desempenho e ao mesmo tempo ter iniciativa, possuir atitudes proativas, oferecer total suporte aos demais integrantes, sempre os encorajando, sendo prestativo e estimulando todos a caminhar em busca dos objetivos estabelecidos. Nesse caso, essa pessoa pode não saber ou ter autoconhecimento sobre suas habilidades de "liderança", mas outros perceberam nela essa característica positiva. Em outra situação, por exemplo, uma pessoa pode apresentar arrogância e falta de humildade, mas nem perceber que possui atitudes negativas. Essas características requerem críticas, e nem sempre a pessoa está preparada ou aberta a receber alguma opinião acerca de si mesma. Em uma empresa, um gestor ou um colega de trabalho pode orientar sobre o comportamento de um indivíduo para melhorar o desempenho ou até mesmo o relacionamento. Por meio de um processo de T&D, é possível intensificar essas características e deixá-las claro a quem as detém, para que dessa forma possa ter consciência do que está deixando transparecer.

- **Área secreta ou Eu secreto** – zona de conhecimento pertencente ao ego, que não a partilha com os outros; é aquela que só você conhece. Uma das dificuldades é que a pessoa não deixa transparecer ou não mostra certas informações aos outros. Isso pode ocorrer por diversas razões, como insegurança, vergonha, medo, vulnerabilidade, entre outros. É a área de defesa da pessoa, e ela está em seu íntimo. É importante que a pessoa tenha consciência do grau de sua defesa para que isso não seja um empecilho em sua vida e acabe atrapalhando o inter-relacionamento e impedindo seu crescimento. Há casos em que a pessoa possui características de personalidades positivas, porém não tem coragem de expô-las, e as organizações e a sociedade acabam perdendo um grande talento, um maravilhoso diferencial. Por exemplo, em um processo de *coaching*, caberá ao *coach* estimular seu cliente a mostrar o outro lado da personalidade dele, o lado oculto de que somente ele mesmo detém conhecimento. Isso pode ser feito por meio das sessões, nas quais o *coach* colocará a pessoa diante de diversas situações em que ela deverá agir e refletir sobre suas ações e de algum modo deixará transparecer as características até então desconhecidas dos demais.

- **Área inconsciente ou Eu desconhecido** – zona que detém os elementos de uma relação de que nem o ego nem os outros têm consciência ou conhecimento. É aquela a que nem você nem os outros têm acesso. São as características que estão guardadas no inconsciente e que ainda não foram transmitidas ou exploradas. Como há o mínimo de exposição, também há o mínimo de *feedback*. Pode-se citar as potencialidades, os talentos e as habilidades que não foram percebidas ou, muitas vezes, os sentimentos que foram reprimidos e bloqueados. Geralmente a pessoa que apresenta esse ego precisa vivenciar situações em que essas características predominem com maior nitidez para que transpareça o que está em sua essência. Essas características já existem em seu interior, mas é preciso que sejam despertadas ou descobertas. Para que isso ocorra, pode-se solicitar auxílio a um *coach*, que, por meio de seus métodos, vai orientar e estimular a pessoa a extraírem suas características até então ocultas.

Os talentos, as habilidades ou as potencialidades podem ser reconhecidos nas circunstâncias presenciadas e também por meio do programa de desenvolvimento, no qual o indivíduo pode se reconhecer, perceber suas forças e seus pontos positivos, crescer profissional e pessoalmente. Em uma relação recente, nota-se, quando dois interlocutores (duas janelas) iniciam seu primeiro contato, que a interação apresenta áreas livres muito reduzidas, áreas cegas relativamente grandes, áreas secretas igualmente extensas e obviamente áreas inconscientes intactas. Esse modelo diz que há áreas dos comportamentos e das atitudes do indivíduo que são conhecidas e outras que não. As pessoas que se relacionam com ele também enxergam seus comportamentos e suas atitudes da forma delas, tendo ainda uma área do indivíduo conhecida para elas e outra desconhecida. Pode-se utilizar o modelo da janela de Johari como subsídio no desenvolvimento profissional e pessoal dos clientes, melhorar o relacionamento e a convivência na sociedade, conhecer como se é e como os outros o enxergam por meio de seus comportamento, recebendo *feedback* constante e auxiliando, assim, no processo de aprendizagem.

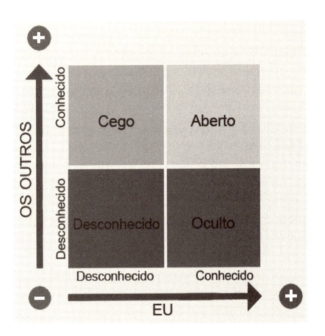

A ignorância é uma prisão que limita nossa alma de alcançar a plenitude em todas as áreas de nossa vida, deixando-a em desarmonia. Paulo Henrique Paiva

2.4.2 Associação Brasileira de Treinamento e Desenvolvimento (ABTD)

Quando ouvimos assuntos referentes à área de T&D, congressos relacionados à aprendizagem ou ao desenvolvimento, é inevitável falar sobre a ABTD[4] e passar a co-

---
4 BOOG, Gustavo G.; BOOG, Magdalena T (Coord.). Manual de treinamento e

nhecer profundamente sua história, a fim de compreender melhor sua missão, sua visão e seus valores.

A ABTD surgiu em 1971 como uma associação sem fins lucrativos que procura criar condições facilitadoras para que os profissionais de recursos humanos e de treinamento desempenhem seus papéis.

Com o advento da Lei nº 6.229/45 em 1976, as ações de treinamento e desenvolvimento ganharam a devida importância nas organizações. Nessa época, a ABTD conquistou mais espaço e deu início a suas magníficas realizações. No mesmo ano, em São Paulo, ocorreu o primeiro e importantíssimo Congresso Brasileiro de Treinamento e Desenvolvimento (CBTD).

Em seguida, foram realizados outros congressos regionais, nacionais e continentais, culminando com o Congresso Mundial, realizado em 1980 no Rio de Janeiro e repetido em 2001 na cidade de Porto Alegre. Hoje, o CBTD é o maior Congresso de Treinamento da América Latina. Ainda em 1980, a ABTD lançou a primeira edição do Manual de treinamento e desenvolvimento, considerado a bíblia dos profissionais da área. Trata-se de uma das principais publicações já editadas sobre o assunto, e dela foram lançadas mais quatro edições, sendo a última dividida em dois volumes: um sobre Gestão e Estratégias e outro sobre Processos e Operações.

Ao longo de seus 45 anos, a ABTD participa constantemente dos movimentos educacionais que buscam o desenvolvimento profissional do cidadão e tem como apoio a participação de profissionais, grupos informais e organizações interessadas nesse processo educacional. Assim, a entidade busca atingir seus objetivos associativos, entre os quais desenvolver o potencial humano no Brasil.

Sua missão é treinar, desenvolver, educar e formar profissionais, sempre caminhando em direção à excelên-

---

desenvolvimento: processos e operações. São Paulo: Pearson Prentice Hall, 2006.

cia, com o objetivo de superar as expectativas, por meio dos melhores palestrantes e consultores de treinamento, utilizando os mais modernos e variados métodos conhecidos de educação, ensino e aprendizagem.

A associação tem como visão ser reconhecida como a principal fonte de referência em treinamentos e educação corporativa, seja pela competência dos seus consultores, seja pela sua história de sucesso, comprometida sempre com um alto padrão de qualidade, inovação, satisfação e o desenvolvimento da comunidade de gestão de pessoas.

Seus valores são respeitar "pessoas", envolvendo treinadores, treinandos, colaboradores, clientes internos, externos e parceiros como fator mais importante na constante busca do sucesso da associação; preocupar-se e comprometer-se com a ética e com a integridade do ser humano; trabalhar com o objetivo de surpreender associados, patrocinadores e parceiros, buscando a total qualidade e satisfação, por meio da entrega de serviços que superem as expectativas dos envolvidos.

No âmbito da responsabilidade social, procura contribuir para o progresso e a melhoria de instituições filantrópicas reconhecidamente sérias pela comunidade e pelas autoridades constituídas para esse fim.

Em 2016, a ABTD completa 45 anos de sua fundação. No futuro pretende buscar o desenvolvimento contínuo para manter, desenvolver e gerar resultados que garantam sua sobrevivência e seu crescimento, sem perder de vista fatores que a sustentam e a fazem acreditar no enriquecimento do "conhecer".

2.4.3 Santos: vitrine de T&D no país

Deparamos com uma verdadeira revolução na área de T&D que envolve mudanças e crescimento dos profissionais que nela atuam. Novas práticas, conceitos, ferramentas, programas e políticas de recursos humanos vão se propagando pelo mundo corporativo. Uma gama de profissionais reúne-se em congressos, encontros ou eventos com o objetivo de aprender cada vez mais, aprimorar seus conhecimentos, descobrir tendências, compartilhar experiências, observar o mercado para que possa crescer profissionalmente e agregar valor à gestão de desenvolvimento humano organizacional.

Tive a satisfação de conhecer em 2003, na cidade de Santos, no litoral paulista, a ABTD. Nesse ano, ela realizou, no período de 2 a 5, o 19º Congresso Brasileiro de Treinamento e Desenvolvimento (CBTD), no Mendes Convention Center, no qual tive o prazer de estar presente, embora anualmente o evento faça parte do meu aprimoramento e meu *networking*.

Pude constar que o CBTD foi um encontro internacional, uniu a realização simultânea do XV Congreso Iberoamericano de Capacitación y Desarrollo (CIACYD) e o International Meeting ABTD-ASTD.

O CIACYD é promovido anualmente pela Federação Internacional de Treinamento e Desenvolvimento (FIA-CYD), já o International Meeting ABTD-ASTD nasceu de uma parceria de *networking* entre a Association for Talent Development (ASTD) e a ABTD.

O evento recebeu aproximadamente 800 congressistas, além de visitantes, expositores e profissionais que trabalharam no evento. Também foram realizadas diversas atividades, como oficinas, palestras, laboratórios vivenciais, minicursos, *workshops* e intenso *networking* entre os profissionais, além da tradicional exposição de produtos e serviços da área. O congresso esteve fundamentado em dois maravilhosos blocos, denominados "Melhores momentos" e "Temas do ano". De acordo com a estrutura apresentada, foram distribuídas todas as atividades do congresso, que incluíram ainda apresentações magnas, internacionais e interações diversas.

Pude observar que o congresso foi uma fantástica vitrine de T&D no país e possibilitou aos profissionais saírem dele com um raio X do que é possível trabalhar ao longo do ano nas organizações e quais são os temas mais solicitados pelas empresas, bem como suas maiores deficiências no que se refere a treinar e desenvolver seu corpo efetivo de colaboradores.

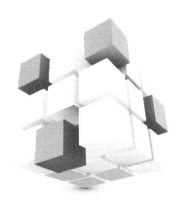

3. COMPREENDENDO O PROCESSO DE T&D

Neste capítulo procuro descrever o processo de treinamento como um ciclo educacional e o estabelecimento de diretrizes para sua estruturação. Tendo sempre como base a norma NBR ISO 10.015, apresento e enfatizo os caminhos a serem percorridos na realização de um programa de treinamento, englobando suas quatro etapas, desde a identificação e a análise das necessidades de treinamento até a avaliação dos resultados.

3.1 O processo de treinamento

O processo de treinamento passa por constantes transformações em razão das inovações tecnológicas, dos efeitos econômicos, sociais e culturais, da concorrência acirrada entre as organizações e da grande exigência de qualidade de produto, serviço e atendimento.

Diante desse contexto, as organizações devem investir continuamente em programas de T&D capazes de potencializar as competências de seus colaboradores e, por meio deles, gerar resultados perceptíveis e que agreguem valor a todos os envolvidos. Ao fazer esse investimento, é primordial ter certeza das contribuições, dos benefícios e dos resultados advindos desses programas; caso contrário, será um grande desperdício de recursos, como mão de obra, local, material didático, tempo e dinheiro, entre outros, e desperdício é algo indesejável e intolerável no ambiente organizacional.

Pode-se considerar que o processo de treinamento é um conjunto de operações interligadas que se completam entre si e envolvem etapas que devem ser criteriosamente seguidas para melhor alcance de eficiência e eficácia em seus resultados. As etapas que compõem o processo de treinamento são:

1. Identificação e análise das necessidades de treinamento;
2. Projeto e planejamento de treinamento;
3. Execução do treinamento;
4. Avaliação dos resultados do treinamento.

Esse processo não se dá de uma hora para outra, pois demanda certo tempo e existe a preocupação de verificar a real necessidade de oferecê-lo, identificando os *gaps* de competência que deverão ser desenvolvidos.

Por mais que ocorram rápidas mudanças no mundo corporativo e que o mercado exija resultados imediatos, nesse caso não é aconselhável seguir um atalho para chegar ao lugar esperado. Ao contrário, deve-se respeitar as devidas etapas desse percurso para que não ocorram problemas com a qualidade durante o processo.

Perante o treinamento, os profissionais (gestores, líderes profissionais de recursos humanos/treinamento, consultores externos) devem se conscientizar da proporção de suas respectivas responsabilidades, conhecer profundamente a dinâmica organizacional e conduzir da melhor maneira possível esse processo educacional na organização.

É preciso se orientar, tomar como base algo consistente, dar a atenção necessária ao processo em todas as suas etapas e, principalmente, estabelecer diretrizes e estruturação de um processo de educação e treinamento. Por essa razão, verificou-se a necessidade de consolidar esse processo, tornando universal sua linguagem estratégica e operacional. Foi, então, criada a norma NBR ISO 10.015, editada em 1999 pela International Organization for Standardization.

Descrevo a seguir o processo de treinamento com base na norma NBR ISO 10.015. O intuito é diagnosticar com mais detalhes cada uma das etapas do processo de treinamento.

3.2 NBR ISO 10.015 – Gestão da qualidade: diretrizes para treinamento

Cada vez mais a qualidade torna-se prioridade nas organizações. Antes um simples conceito, agora é uma forma de gestão.

A corrida pela busca da excelência passa a ser uma missão, e, para que as organizações mantenham-se competitivas, não basta que ofereçam custo baixo de seus produtos e/ou serviços, mas que possuam uma gestão da qualidade baseada em princípios que as norteiem em direção a atender às necessidades do negócio, de modo a passar credibilidade e confiança, além de ter comprometimento e responsabilidade para com seus clientes.

Para as empresas do século XXI que pretendem sobreviver no futuro, é de extrema importância treinar seu pessoal, desde lideranças e colaboradores até seus prestadores de serviços; é preciso que desenvolvam as competências essenciais com o propósito de agregar valor organizacional e entregar qualidade à sociedade. É necessário que as organizações possuam as competências necessárias e adequadas para enfrentar esse turbulento e competitivo mundo corporativo.

A cobrança por qualidade e resultados está em evidência. Profissionais de T&D devem seguir algo consistente para realizar o treinamento, considerando sempre

Construindo conhecimento

os ambientes interno e externo.

Com o intuito de ajudar organizações que precisam treinar seu capital humano e firmar seu compromisso com a gestão da qualidade, a ABTD participou da elaboração de um documento internacional e desenvolveu a norma NBR ISO 10.015 por meio do Comitê Brasileiro de Qualidade (ABNT/CB25).

A norma ABNT NBR ISO 10.015:2001 – Gestão da qualidade: diretrizes para o treinamento – foi editada e validada em 30 de maio de 2001 e tem o sentido de descrever todo o processo de treinamento das pessoas de uma organização, fornecendo-lhes as devidas diretrizes, independentemente de seu segmento, com ou sem fins lucrativos, pública ou privada.

Esse mecanismo normativo fornece diretrizes fundamentais para auxiliar nos processos de identificação das necessidades de treinamento e nas etapas de planejamento, execução e monitoração. É também uma forma de padronizar e esclarecer os processos aos envolvidos e facilitar o desenvolvimento das atividades aos profissionais de recursos humanos. Além disso, a NBR ISO 10.015 oferece orientação direcionada em relação à tecnologia do treinamento e à aprendizagem organizacional, tendo sido delineada para satisfazer as necessidades que englobam a qualidade do treinamento, aumentando sua eficiência e sua eficácia e também sua efetividade.

3.2.1 Objetivo da NBR ISO 10.015

As diretrizes da NBR ISO 10.015 foram criadas para as organizações treinarem seu pessoal e para ajudá-las no processo de capacitação de seu bem maior, que denomino capital humano.

Essa norma oferece diretrizes para auxiliar na identificação e na análise das necessidades de treinamento, planejamento, execução, avaliação dos resultados e monitoração, enfim, tudo o que abrange o âmbito de treinamento, enfatizando sua contribuição para a melhoria contínua.

3.2.2 Treinamento e competência

Conforme conceito definido na NBR ISO 10.015, treinamento é um processo com o intuito de desenvolver a competência das pessoas inseridas na organização para atender aos requisitos exigidos.

A competência definida de acordo com a norma é a aplicação do conhecimento (algo adquirido com estudos, cursos, etc.); habilidades (algo adquirido com estudo sobre a atividade que se pretende desenvolver ou aperfeiçoar) e comportamento (é a forma de agir e de pensar esperada das pessoas em relação ao desenvolvimento de suas atividades).

O treinamento deve fazer com que os participantes apliquem de fato o que aprenderam, de forma a agregar valor aos clientes, diferenciar-se dos demais concorrentes e inovar para se destacar e ganhar mais espaço no mercado.

Vejamos a seguir o treinamento com relação à obtenção de competências:

| TREINAMENTO – Identificação das necessidades organizacionais |

⇩

| Entrada – pessoas |

⇩

| Pessoas – obtenção de competência |

⇩

| Produto – pessoas com as competências requeridas |

3.3 Diretrizes para o treinamento

Treinamento: um processo em quatro etapas
Para melhor visualizar e para mais detalhes do processo de treinamento, destaco abaixo o ciclo dele.

Ciclo do treinamento

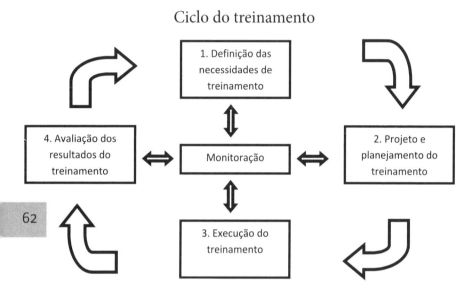

3.3.1 Definição das necessidades de treinamento

Todo treinamento começa pelo diagnóstico da situação e pela identificação das lacunas que devem ser supridas com o programa. É necessário investigar o que está ocorrendo na organização, localizar onde estão as reais dificuldades ou necessidades para que, dessa forma, seja possível investir em um programa de treinamento adequado a fim de que haja o retorno esperado.

É essencial que a organização defina a competência

necessária a cada atividade que afeta a qualidade dos produtos e serviços, que avalie a competência do pessoal para realizar a atividade e que elabore planos para eliminar quaisquer lacunas de competência que possam existir. Pode-se tomar por base a análise de necessidades atuais e futuras da organização em contraposição à competência existente de seu pessoal.

Os objetivos desse estágio são:

a) Definir as lacunas entre a competência existente e a requerida;

b) Definir as necessidades de treinamento dos empregados cujas competências existentes não atendam àquelas requeridas para o trabalho;

c) Documentar as necessidades de treinamento específicas.

Definição e análise dos requisitos de competência

Os requisitos de competência dos empregados devem primeiro ser documentados. Essa documentação pode ser revista periodicamente ou conforme necessário à medida que o trabalho é feito e o desempenho, avaliado.

A definição das demandas futuras da organização, relacionadas a suas metas estratégicas e seus objetivos da qualidade, incluindo a competência requerida de seu pessoal, pode se originar de fontes internas e externas de naturezas distintas, como:

- natureza dos produtos fornecidos pela organização;
- registros dos processos de treinamento passados e presentes;
- avaliação por parte da organização da competência de seu pessoal na realização de tarefas específicas;
- rotatividade de pessoal ou flutuações sazonais de pessoal temporário;

Construindo conhecimento

- certificação interna ou externa necessária para a realização de tarefas específicas;
- solicitações dos empregados que identifiquem oportunidades de desenvolvimento pessoal que contribuam para os objetivos da organização;
- resultado de análises críticas de processo e ações corretivas originárias de reclamações de clientes ou relatórios de não conformidade;
- legislação, regulamentos, norma de diretrizes que afetem a organização, suas atividades e seus recursos;
- pesquisa de mercado que identifique novos requisitos de clientes.

Análise crítica das competências

É importante fazer uma análise crítica periódica dos documentos que indicam a competência requerida para cada processo, bem como da ficha de registro da competência de cada empregado.

Os métodos utilizados para essa análise crítica devem incluir:

- entrevistas/questionários dirigidos a empregados, supervisores e gerentes;
- observações;
- discussões em grupo;
- pareceres de especialistas no assunto.

A análise crítica é embasada nos requisitos das tarefas e no desempenho profissional na realização delas.

Definição das lacunas de competência

Uma comparação das competências existentes com aquelas requeridas deve ser feita para definir e registrar as lacunas de competência.

Identificação de soluções para eliminar as lacunas de competência

As soluções propostas para eliminar as lacunas de competência podem ser os treinamentos ou outras ações da organização, como reformulação dos processos, recrutamento de pessoal treinado, terceirização, melhoria de outros recursos, redução da rotatividade e modificação dos procedimentos de trabalho.

Definição da especificação das necessidades de treinamento

Quando o treinamento é escolhido como solução para eliminar a lacuna de competência, é interessante que as necessidades sejam especificadas e documentadas. As especificações das necessidades incluem os objetos e os resultados esperados do treinamento. As razões para a especificação das necessidades de treinamento devem ser extraídas do documento que contém a lista dos requisitos de competência, que são encontrados na definição e na análise de requisitos de competência, dos resultados de treinamentos anteriores, das lacunas atuais de competência e das solicitações de ações corretivas.

É recomendado que esse documento se torne parte da especificação do programa de treinamento e que inclua um registro dos objetivos organizacionais que serão considerados como parâmetros para o projeto e o planejamento do treinamento e para a monitoração desse processo.

Um levantamento de necessidades criterioso é condição fundamental para que o treinamento seja bem-sucedido. Seu objetivo é coletar as informações que servirão de base para identificar a situação presente e para definir como ficará a situação futura, com foco nos objetivos e nas metas organizacionais. O levantamento das necessidades é um diagnóstico da "saúde da empresa". É necessário que todos sejam ouvidos no processo, pois quanto mais detalhe puder extrair, maior será a possibilidade de trabalhar com eficácia na raiz do problema.

3.3.1.1 Projeto e planejamento do treinamento

A fase de projeto fornece as bases para a especificação do programa de treinamento. Pode-se dizer que essa etapa envolve a escolha dos caminhos, ou seja, os meios que deverão ser seguidos para suprir as necessidades levantadas anteriormente.

Essa fase inclui:

a) Projeto e planejamento das ações que devem ser adotadas para eliminar as lacunas de competência identificadas;

b) Definição dos critérios para a avaliação dos resultados do treinamento e para a monitoração do processo.

Definição de restrições

É importante que os itens relevantes que restringem o processo de treinamento sejam determinados e listados. As restrições podem incluir:

- Requisitos regulamentares impostos por lei;
- Requisitos da política organizacional, incluindo aqueles relativos a recursos humanos;
- Considerações financeiras;
- Requisitos de prazo e programação;
- Falta de disponibilidade, de motivação e de capacidade da pessoa a ser treinada;
- Indisponibilidade de recursos próprios para promover o treinamento ou de entidades de treinamento credenciadas;
- Indisponibilidade de recursos de outra natureza qualquer.

Métodos de treinamento e critérios para seleção

É necessário que sejam listados os métodos potenciais de treinamento que possam satisfazer as necessidades vigentes. A forma de treinamento adequada dependerá dos recursos, das restrições e dos objetivos listados.

Os métodos de treinamento podem incluir:

- Cursos e seminários no local do trabalho ou fora dele;
- Estágios;
- Treinamento no local de trabalho, conhecido pela metodologia *On-the-job training*;
- Autotreinamento;
- Educação a distância.

Nota-se também a necessidade de serem definidos e documentados os critérios para a escolha e a combinação dos métodos adequados para o treinamento.

Esses critérios podem ser:

- Data e local;
- Infraestrutura e instalações;
- Custos;
- Objetivos do treinamento;
- Público-alvo (por exemplo: cargos ou atividades profissionais ou planejadas, especialização e/ou experiência específica, número máximo de participantes);
- Duração do treinamento e sequência de implantação;
- Formas de avaliação a ser fornecidas.

Especificação do programa de treinamento

É fundamental a preparação específica do programa de treinamento a fim de que haja possibilidade de negociar com o potencial fornecedor as condições dos processos específicos dele, ou seja, o conteúdo a ser fornecido. A especificação do programa de treinamento deve transmitir uma ideia bem clara das necessidades da organização e dos requisitos do treinamento e definir o que os treinandos estarão aptos a alcançar como resultado dele.

Os objetivos do treinamento devem se basear nas competências a serem desenvolvidas, conforme estabelecido na especificação das necessidades do treinamento, a fim de assegurar o efetivo fornecimento do treinamento e propiciar uma comunicação objetiva e aberta.

Portanto, a elaboração de um programa de treinamento deve ter como base a perfeita identificação e interpretação das necessidades pertinentes a ele, considerando os seguintes aspectos:

a) Objetivos e requisitos da organização;

b) Especificação das necessidades de treinamento;

c) Objetivos do treinamento;

d) Treinandos (metas do grupo ou metas pessoais);

e) Métodos de treinamento e conteúdo programático;

f) Programação de requisitos, como período de duração, datas de etapas importantes;

g) Equipe e material necessários ao treinamento;

h) Requisitos financeiros;

i) Critérios para avaliação dos resultados do treinamento, que devem mensurar:

- a satisfação com o treinamento;
- a aquisição de conhecimentos, habilidades e comportamentos do treinando;
- o desempenho do treinando no trabalho após o treinamento;
- a satisfação do gerente do treinamento;
- a monitoração do processo de treinamento.

Seleção do fornecedor de treinamento

É importante que todo fornecedor potencial de treinamento, externo ou interno, seja submetido a um exame crítico antes de ser selecionado para ministrá-lo. Esse exame pode incluir informações escritas (por exemplo: catálogos, folhetos) e relatórios de avaliação. O exame deve ser baseado na especificação do programa de treinamento e nas restrições identificadas.

A seleção pode ser registrada por meio de acordo ou de contrato formal, explicitando as atribuições, os papéis e as responsabilidades para o processo de treinamento.

O planejamento do treinamento consiste em traçar o que e como vai ser trabalhada cada necessidade identificada, tendo noção do que será necessário para a disponibilização dos devidos recursos. Essa etapa deve ser focada nas prioridades, de acordo com a análise do quadro da situação apresentada pela organização.

3.3.1.2 Execução do treinamento

Depois de definido o planejamento e aprovado o programa de treinamento, é a hora de colocar em prática tudo o que foi elaborado, de aplicar de fato o esforço e os recursos na otimização da educação/aprendizagem organizacional.

A organização deve fornecer os recursos necessários a fim de assegurar os serviços do fornecedor de treinamento, facilitando seu trabalho da seguinte forma:
- Dar apoio tanto aos treinandos como ao instrutor;
- Monitorar a qualidade do treinamento fornecido.

Deve-se considerar que um instrutor é uma pessoa que aplica o processo de treinamento. A organização, por sua vez, pode oferecer suporte a ele na monitoração de sua execução. O alcance do sucesso das atividades de treinamento é afetado pela interatividade entre a organização, o fornecedor e o treinando. Pode-se considerar alguns aspectos inerente às atividades de apoio ao treinamento.

Apoio pré-treinamento

O apoio pré-treinamento pode incluir as seguintes ações:

- Municiar o fornecedor do treinamento com as informações pertinentes;
- Informar o treinando sobre a natureza do treinamento e as lacunas de competência que se pretende eliminar;
- Possibilitar os contatos necessários entre o instrutor e os treinandos.

Apoio ao treinamento

O apoio ao treinamento pode incluir as seguintes ações:

- Fornecer ao treinando e/ou ao instrutor a infraestrutura necessária, como ferramentas, equipamentos, documentos, *softwares*, acomodações;
- Propiciar oportunidades adequadas e pertinentes para o treinando aplicar as competências que estão sendo desenvolvidas;
- Proporcionar retorno do desempenho na atividade, conforme requerido pelo instrutor e/ou pelo treinando.

Apoio ao final do treinamento

O apoio ao final do treinamento pode incluir as seguintes ações:

- Receber informações de realimentação do treinando;
- Receber informações de realimentação do instrutor;
- Fornecer informações de realimentação para os gerentes e o pessoal envolvido no processo de treinamento.

3.3.1.3 Avaliação dos resultados do treinamento

A avaliação do treinamento é um dos fatores fundamentais para fornecer uma base de qual foi a eficiência do processo. É um desafio para todos os que atuam em treinamento avaliar os resultados de seu trabalho.

Verifica-se nessa etapa a determinação de até que ponto o treinamento alcançou as modificações desejadas no comportamento e nas atitudes dos colaboradores ou no aperfeiçoamento de novas habilidades. Nesse ponto é fundamental avaliar se os resultados são compatíveis com as metas estabelecidas.

Avaliação é o julgamento do valor e/ou do mérito de todas as etapas do treinamento e de seus efeitos, decorrentes de um método, aplicado com ética e precisão, respeitando os valores e as práticas socioculturais, tendo em vista as tomadas de decisão sobre o desenvolvimento da competência profissional das pessoas e das equipes da organização.

Para fazer uma avaliação que resulte em dados sólidos e consistentes e para que seja possível demonstrar os aspectos verificados, é preciso determinar o grau de interferência nas modificações desejadas e observar se apresentam relações com o que foi proposto.

Uma das maiores preocupações de um profissional de T&D e de todos os envolvidos em um processo de treinamento é provar por meio da avaliação que o investimento feito no programa propiciou impactos positivos, gerando benefícios nos resultados organizacionais.

As principais questões referentes à avaliação de treinamento são:

- De que maneira avaliar se o treinamento obteve resultado?
- O investimento no programa de T&D proporcionará algum benefício no âmbito organizacional?

Por meio dessas questões, apresento algumas técnicas

para que os resultados sejam avaliados da melhor maneira possível, sem que haja subjetividade ou ambiguidade.

Técnicas para avaliação de resultados em T&D

Avaliação de reação – nível 1

É aplicada após a realização do treinamento com o objetivo de verificar se ele atendeu às expectativas dos participantes. Nesse primeiro nível, mensura-se a reação dos participantes do programa ao treinamento. Muitas vezes, é possível perceber a reação e a satisfação deles pela análise de seus comentários e de seu entusiasmo em relação ao programa, lembrando que é possível obter tanto um resultado quantitativo quanto um qualitativo.

Avaliação de aprendizado – nível 2

Tem como objetivo verificar se os participantes realmente aprenderam. Nesse caso, é importante dispor de algum tipo de pré-teste e pós-teste para avaliar os conhecimentos, as habilidades e as atitudes dos treinandos antes e depois do programa. Dessa forma, pode-se verificar se houve compreensão e evolução dos participantes após o processo.

Kirkpatrick (2006) define aprendizado como:
- mudança na forma de perceber a realidade e/ou;
- aumento de conhecimentos e/ou;
- aumento de habilidades em consequência de o indivíduo ter participado do treinamento.

Aprendizado é absorver o que lhe foi transmitido, adquirir experiência, somar sabedoria, perceber a realidade da melhor maneira, ampliar seus conhecimentos e suas habilidades.

Avaliação de comportamento – nível 3

Kirkpatrick (2006) define esse nível como a extensão da mudança de conduta e de procedimento que ocorre porque a pessoa participou do treinamento.

A fim de que a mudança de comportamento ocorra, quatro condições se fazem necessárias:
1. A pessoa precisa querer mudar;
2. A pessoa precisa saber o que e o como mudar;
3. A pessoa precisa trabalhar num ambiente com o clima correto;
4. A pessoa precisa ser premiada pela mudança.

É primordial que as pessoas pratiquem o que aprenderam, que seja possível avaliar se houve mudança de comportamento. É necessário que o aprendizado se reflita no comportamento, sendo demonstrado por meio de atitudes, ações e resultados.

Avaliação de resultados – nível 4

Kirkpatrick (2006) define esse nível como:

> Os resultados alcançados porque os funcionários participaram do treinamento. Resultados incluem aumento de produção, melhoria da qualidade, redução de custo, redução de acidentes, aumento de vendas, redução de rotatividade de pessoal, aumento do lucro ou do investimento. É importante reconhecer que resultados como estes são a razão de ser dos programas de treinamento. De qualquer forma o objetivo final do treinamento deve ser estabelecido nestes termos.

Nesse nível consideram-se os dados numéricos, que servem de base para avaliar os itens em questão e para verificar se o treinamento causou impacto no trabalho e como contribuiu para o benefício organizacional.

Construindo conhecimento

É importante enfatizar que um nível está interligado ao outro e todos se completam para a realização de uma avaliação eficaz. É primordial que haja uma atmosfera agradável e uma conexão entre o instrutor e o treinando. O profissional de T&D deve mostrar o sentido do programa de treinamento, despertar o interesse dos colaboradores e estimulá-los a ter vontade e entusiasmo de participar.

Os treinandos, por sua vez, precisam estar motivados, dispostos e abertos a aprender e colocar em prática o aprendizado, o que muitas vezes requer mudança de comportamento. Quando realmente se aprende algo novo, já se muda a forma de pensar e/ou de agir, interferindo no comportamento e nos resultados organizacionais.

Nesse tipo de avaliação, de acordo com os níveis de Kirkpatrick, pode-se verificar até que ponto o conhecimento tácito foi transformado em práticas explícitas e dados perceptíveis.

Mensuração dos resultados de treinamento

Apesar de existirem técnicas que buscam melhorar a mensuração dos resultados de treinamento, ainda há diversas dificuldades nesse sentido, como:

- Falta de tempo;
- Falta de apoio;
- Falta de tecnologia de ponta;
- Não envolvimento da estrutura;
- Excesso de tarefas do gestor de T&D;
- Considerações como "dá muito trabalho!";
- Não comprometimento dos treinandos;
- Falta de especificações para as práticas de T&D;
- Tipos de treinamento que não permitem avaliação;
- Subjetividade na mensuração de comportamentos.

As realidades com que muitos profissionais deparam são:

- Falta de preparo para a função;
- Falta de foco em resultados;
- Cultura do imediatismo;
- Preguiça;
- Falta do hábito da pesquisa;
- Desejo por soluções prontas.

Ao programar um processo de treinamento, é indispensável que todo o ciclo dele seja muito bem elaborado e estruturado, com bases sólidas, visando proporcionar aprendizagem aos treinandos, e que de fato propicie resultados mensuráveis, que comprovem o retorno dos investimentos. Muitas vezes, por falta de retornos comprovados, as empresas deixam de investir em programas de treinamento, chegando até mesmo a contestar se T&D agrega ou não valor organizacional.

Por isso, apresento a seguir o que é preciso para avaliar os resultados de um evento de treinamento:

- Das necessidades claramente identificadas;

Construindo conhecimento

- Dos indicadores de situação das necessidades;
- De um programa focado nas necessidades;
- De objetivos centrados nos indicadores das necessidades;
- De comprometimento dos treinandos na aplicação;
- De envolvimento dos superiores hierárquicos;
- De um sistema de medida dos efeitos da aplicação;
- De um critério para análise dos efeitos da aplicação;
- De um processo para validar os efeitos da aplicação.

Retorno sobre o investimento
(Return On Investiment – ROI)

O cálculo do retorno sobre o investimento é uma ferramenta importante que permite à organização identificar seus benefícios adicionais referentes ao processo de treinamento. É um nível considerado difícil e um desafio para os profissionais de T&D por ser necessário mensurar benefícios e valores agregados intangíveis.

Com ele é possível justificar gastos direcionados a iniciativas voltadas ao capital humano. Para calcular o ROI, deve-se estabelecer metodologias de mensuração que sejam compatíveis com as áreas organizacionais e considerar todos os benefícios indiretos e intangíveis.

A área de T&D deve atuar de forma estratégica, escolhendo a melhor metodologia a ser praticada.

A fórmula aplicada é comparar os benefícios obtidos durante um tempo determinado com os custos efetuados durante esse tempo:

$$ROI = \frac{\text{Benefícios líquidos (benefícios-custos)}}{\text{Custos}} \times 100$$

É essencial que os profissionais responsáveis por esse cálculo encontrem medidas que mostrem os resultados em longo prazo. Em certas situações, o resultado não é perceptível logo no primeiro momento. Tudo depende de uma série de variáveis no âmbito de cada organização, tal como a natureza do negócio e do mercado em que ela está inserida. O importante é proporcionar benefícios que gerem resultados, servindo de parâmetros para que a organização tenha condições de se situar e ter uma visão do retorno sobre o investimento.

Pode-se citar como exemplo uma loja de eletrodomésticos que oferece programas de treinamento a seus vendedores. Em virtude da sazonalidade do mercado, esses funcionários poderão não produzir resultados imediatos. No entanto, a loja poderá verificar os benefícios no futuro, quando passar o período de baixa nas vendas.

Assim, mensurar os resultados do treinamento realmente não é tarefa fácil, mas nada é impossível. É de extrema importância que se consiga demonstrar os dados e convertê-los em valores monetários. É preciso verificar os benefícios organizacionais e individuais e considerar os aspectos que devem ser melhorados no futuro.

Deve-se colocar tudo na "ponta do lápis" quando se pretende realizar um programa de treinamento e desenvolvimento para que posteriormente se tenha provas plausíveis.

Quando a organização deseja realizar um programa de treinamento, é fundamental que comece pela identificação das necessidades (primeira etapa do desenvolvimento de um treinamento), mas já deve ter estabelecido todo o percurso dele, até mesmo como vai medir os resultados do programa.

Monitoração do processo de treinamento

De nada adianta realizar um processo de treinamento sem que exista monitoração. Pode-se considerar que a monitoração é uma importante ferramenta para a melhoria da eficácia do processo de treinamento.

Seu objetivo é assegurar a qualidade de todo o processo de treinamento no que envolve cada uma de suas quatro etapas.

A monitoração deve ser conduzida pelo responsável competente, de acordo com os procedimentos estabelecidos pela organização. As consultas, as observações e a coleta de dados compõem o método de monitoração. É recomendável que os métodos sejam estabelecidos durante a etapa de especificação do plano de treinamento.

Validação do processo de treinamento

Por meio da monitoração do processo de treinamento, é possível analisar criticamente suas diversas etapas, para identificar fatores inadequados, permitindo, assim, proceder às ações preventivas e corretivas para a melhoria do processo.

As informações podem ser coletadas durante o ciclo do treinamento e elas fornecem as bases para a avaliação do processo, possibilitando uma visão macro das recomendações de melhoria.

É essencial enfatizar quanto ao alcance ou não dos requisitos. Quando os procedimentos foram seguidos, mas os requisitos não foram alcançados, recomenda-se revisar os procedimentos e atualizar os registros de competências para ter condições de refletir sobre essa qualificação adicional. Nesse caso, serão necessárias ações corretivas para melhorar o processo de treinamento ou criar meios alternativos ao treinamento.

É recomendável que a análise crítica do processo de treinamento identifique quaisquer outras medidas que contribuam e tornem mais eficazes as etapas do processo. Para tanto, é importante manter registros apropriados das diversas atividades de monitoração e avaliação realizadas, dos resultados obtidos e das respectivas ações planejadas.

3.4 Principais tipos de treinamento

Cognitivo ou comportamental

Geralmente é mais difícil de ser mensurado, pois seus objetivos referem-se a correções de atitudes, mudanças de valores ou implantação de novas políticas.

É um treinamento que exige dos participantes o processo de desaprender certos conceitos, desprender-se do que não é mais válido e, principalmente, transformar o conhecimento em sabedoria. Pode significar desde a correção da postura de determinado líder perante seus funcionários até o resgate de um valor da empresa que não esteja sendo cumprido.

Esse tipo de treinamento tem como foco a transmissão de conhecimentos conceituais e teóricos, ou seja, tem a intenção de adequar ou mudar um comportamento. Trata-se de um dos grandes desafios para todos aqueles que atuam em T&D, uma vez que suas características intangíveis o tornam difícil de ser mensurado.

Deve-se, portanto, observar até que ponto o treinamento ajudou a construir o novo comportamento comparando com o que foi proposto anteriormente.

Como há dificuldade em mensurar sua eficiência, é de extrema importância que o profissional de T&D tenha como foco o objetivo da aprendizagem e que proporcione aos colaboradores condições de desenvolvimento do comportamento por meio da experiência do dia a dia.

O treinamento comportamental deve estimular e provocar a coragem e a reflexão dos participantes. Entre as atividades de T&D mais utilizadas estão os jogos e as vivências (*team building* – treinamento ao ar livre), técnicas de meditação, visualização e relaxamento. Esse tipo de treinamento trabalha o interior das pessoas, dando-lhes condições de entender a si mesmas e seu impacto na sociedade e de compreender melhor o próximo.

Por meio das atividades de T&D, é possível que cada um reconheça suas forças, a capacidade de ir além de seus limites, supere obstáculos e acredite que pode ser mais do que é, ampliando e desenvolvendo novas competências. É importante que depois desse processo de reconhecimento os participantes façam uma reflexão sobre a situação vivenciada e coloquem em prática o novo comportamento de acordo com a realidade.

O treinamento comportamental deve propor à pessoa uma mudança/transformação interior, interrompendo os mecanismos habituais e elevando a coragem na tomada de decisão, na solução de problemas, entre outros. Esse tipo de treinamento deve ser contínuo e muito bem estruturado, envolvendo profissionais aptos e capacitados para sua execução e sua avaliação.

As pessoas devem ter a possibilidade de experimentar as novas experiências na prática, pois todo esse trabalho não pode ser superficial. Ao propor esse tipo de treinamento, a organização deve perceber o que realmente será necessário mudar e ter condições de acompanhar as mudanças comportamentais.

O treinamento comportamental, como já mencionado, apresenta características intangíveis. É aí que entra o lado mais perceptível do profissional de T&D, com a finalidade de quantificar as variáveis existentes.

Motriz ou técnico

Responsável pelos maiores investimentos, em razão do conteúdo a ser desenvolvido, favorece bastante a identificação da métrica que será usada para a pesquisa de resultados.

Partindo do pressuposto de que um comportamento sensorial/motriz é tangível, tem-se o principal referencial de medida: a comparação do antes e do depois do treinamento efetuado.

Nesse ponto vale a pena relembrar e discorrer um pouco sobre tais informações cruciais, que envolvem e devem ser utilizadas para a elaboração de um plano de treinamento técnico.

É necessário que o gestor/líder do departamento identifique a necessidade de realizar o treinamento, verificando quais competências deverão ser trabalhadas em sua equipe.

Fazer um diagnóstico da situação atual e considerar o que ocorreu anteriormente é importante para que a organização possa efetuar as devidas correções, decidir se haverá necessidade de mudança ou melhoria e, se necessário, optar por uma ação de treinamento. Identificada a necessidade de treinamento, serão definidos os métodos, os quais vão viabilizar o treinamento, logo depois é feita a avaliação dos resultados obtidos e as devidas ações corretivas.

Nesse tipo de treinamento, é preciso ter informações sobre os aspectos concretos que justificaram a realização dele. É necessário ter claro qual o padrão a ser atingido e qual o nível de desempenho do treinamento. A diferença entre um e outro é o próprio objetivo do treinamento.

No treinamento técnico, a fase de avaliação de resultados é nitidamente numérica, favorecendo a identificação de métricas de desempenho, quantidade de peças fabricadas, quebradas, etc. Dependendo da natureza do trabalho, o treinamento amadureceu o domínio do participante, e, portanto, houve mudança no comportamento pós-treinamento, ou seja, basta efetuar as medidas do perfil de desempenho antes e depois do evento, em conjunto com o cliente interno de treinamento e desenvolvimento.

Sabemos que a maioria das organizações realiza mais o treinamento técnico do que o comportamental. Há pouco tempo o treinamento comportamental chegou a nossa realidade, e ainda há poucas empresas que o praticam, seja pelo valor do investimento, seja por não ter conhecimento do novo projeto.

Construindo conhecimento

É interessante que as organizações tenham condições de mesclar os dois tipos de treinamento. O treinamento comportamental e o técnico podem ser aplicados em conjunto para a obtenção de melhores desempenhos e resultados. As pessoas precisam tanto de atualizações técnicas como de comportamentais. O equilíbrio entre esses dois tipos de treinamento possibilitará o desenvolvimento de competências, habilidades e atitudes que não seriam possíveis sem a dosagem dos dois, principalmente em cargos gerenciais/liderança.

Em um treinamento desse tipo, por exemplo, um executivo pode absorver o conhecimento técnico que lhe foi passado sobre determinado assunto, mas é identificado que ele precisa dominar com maior energia os aspectos comportamentais, como saber se relacionar, ser mais extrovertido, etc.

Sendo assim, as organizações devem sempre optar pelo tipo de treinamento que atenda a suas necessidades com eficiência e eficácia, proporcionando o alcance dos objetivos estabelecidos, que devem dentro de suas condições, e possibilitando que todos os envolvidos percebam que o investimento valeu a pena.

Os quatro tipos de mudança de comportamento por meio do treinamento

O que mais se espera de um treinamento é que seja eficiente para fazer com que os treinandos sejam estimulados por ele, que aprendam o conteúdo e, principalmente, que mudem seu comportamento diante do que foi exposto, por meio dos seguintes itens:

Transmissão de informações
Aumentar o conhecimento das pessoas: informações

sobre a organização, seus produtos/serviços, suas políticas e diretrizes, suas regras e regulamentos e seus clientes.

Desenvolvimento de habilidades

Melhorar as habilidades e destrezas: habilitar para a execução e a operação de tarefas, o manejo de equipamentos, máquinas e ferramentas.

Desenvolvimento de atitudes

Desenvolver/modificar comportamentos: mudança de atitudes negativas para atitudes favoráveis, de conscientização e sensibilidade com as pessoas, com os clientes internos e externos.

Desenvolvimento de conceitos

Elevar o nível de abstração: desenvolver ideias e conceitos para ajudar as pessoas a pensar em termos globais e amplos.

3.5 Educação corporativa: organizações que aprendem

O programa de T&D não pode ocorrer isoladamente; ao contrário, deve ser acompanhado de um processo cíclico e contínuo, por meio da educação corporativa.

Pode-se constatar que organizações que proporcionam um ambiente propício de aprendizagem aos seus colaboradores são mais competitivas e têm mais chances de se sobressair em relação a seus concorrentes.

Ainda há organizações que compram pacotes fechados de treinamentos, satisfazendo momentaneamente seus colaboradores, normalmente por um período de tempo muito curto, um ou dois dias. Isso ocorre porque elas não estão preparadas para sustentar o comportamento de seus treinandos por meio de monitoração e continuidade.

Construindo conhecimento

A educação corporativa é voltada ao desenvolvimento do profissional em longo prazo, com o objetivo de capacitá-lo para que atue de forma mais estratégica, de acordo com os objetivos organizacionais.

Estamos vivendo na sociedade do conhecimento, portanto a organização que não valorizar seu capital intelectual não sobreviverá nesse mundo globalizado.

Hoje a educação ultrapassa os muros escolares e chega às organizações. Por meio do uso de ferramentas e metodologias, os colaboradores aperfeiçoam-se e desenvolvem seus conhecimentos, suas habilidades e suas atitudes.

Além do treinamento e do desenvolvimento, a organização pode hoje oferecer a seus funcionários cursos de graduação e pós-graduação, aumentando, assim, as competências deles.

Para que haja eficiência na gestão do conhecimento, pode criar programas em que os próprios funcionários que participaram da capacitação compartilhem o que aprenderam com seus colegas de trabalho, disseminando, assim, as novas práticas e tornando-os multiplicados internos.

Uma organização que aprende, ou seja, que desenvolve seus funcionários tem a capacidade de criar, resolver problemas, superar desafios, reinventar-se, melhorar seus produtos e serviços e sua relação com clientes.

ALGUMAS CONSIDERAÇÕES

Pode-se notar que o processo de treinamento tem como objetivo melhorar os aspectos técnico e comportamental e é voltado para satisfazer as necessidades organizacionais exigidas por todos que os envolvem, ou seja, por seus *stakeholders*.

Geralmente os resultados mais esperados com o treinamento são: redução de custos, redução de acidentes, aumento de vendas, aumento de produtividade, melhoria da qualidade, entre outros. Ressalto que os resultados obtidos com o treinamento devem possibilitar uma mensuração objetiva e clara.

Os resultados são alcançados por meio das pessoas. Sendo assim, pode-se afirmar que o desenvolvimento de competências é o caminho para a direção dos resultados.

A norma NBR ISO 10.015 foi criada para dar consistência ao processo de treinamento e para ser utilizada pelas organizações que precisam treinar seus colaboradores. Cada organização deve considerar o meio em que está inserida, não perdendo de vista as condições de seus ambientes interno e externo e respeitando seu segmento de atividade, a diversidade dos indivíduos, as necessidades de treinamento, entre outros. A norma NBR ISO 10.015 não significa um simples guia para a gestão de empresas que prestam ou pretendem prestar serviço de treinamento, tampouco se trata de uma certificação apenas para atender às exigências do governo, da sociedade e do cliente. Pode-se considerar que a norma NBR ISO 10.015 significa maior qualidade de gestão focada no treinamento. As organizações devem perceber o valor dos requisitos normativos, os quais proporcionam ganhos por meio da melhoria da eficiência, da eficácia e da efetividade do treinamento, construindo ainda uma imagem de credibilidade e confiança.

É importante esclarecer que o treinamento é de responsabilidade de todos os envolvidos e que o retorno do investimento reflete na organização como um todo.

O gestor de cada departamento deve identificar a necessidade a ser suprida e verificar quais competências deverão ser obtidas. O profissional de T&D deve estar a par da situação e ajudar os gestores de forma estratégica, com total participação no processo, desde a identificação do treinamento até a avaliação dos resultados. Caso a organização opte por contratar uma consultoria especializada em T&D, é essencial que o consultor se aprofunde ao máximo nos assuntos relacionados à empresa. Os treinandos, por sua vez, devem estar abertos à aprendizagem, transferir o conhecimento para o comportamento e depositar seu potencial no que está sendo proposto.

Todos devem trabalhar juntos a fim de atingir um objetivo comum. Os resultados organizacionais somente são atingidos quando todos compram a ideia e se empenham para alcançá-los.

Conto: "A história do bambu chinês"

Depois de plantada a semente dessa incrível gramínea, não se vê nada por aproximadamente cinco anos, exceto o lento desabrochar de um diminuto broto a partir do bulbo.

Durante cinco anos, todo o crescimento é subterrâneo, invisível a olho nu, mas uma maciça e fibrosa estrutura de raiz, que se estende vertical e horizontalmente pela terra, está sendo construída. Então, ao final do quinto ano, o bambu chinês cresce até atingir a altura de 25 metros.

Muitas coisas em nossa vida são iguais ao bambu chinês

Você trabalha, investe tempo, esforço, faz tudo o que pode para nutrir seu crescimento e às vezes não vê nada por semanas, meses ou anos. Mas, se tiver paciência para continuar trabalhando, persistindo e nutrindo, o seu quinto ano chegará, e com ele virão crescimento e mudanças que você jamais esperaria...

O bambu chinês nos ensina que não devemos desistir facilmente de nossos projetos e sonhos... Em nossa vida, marcada por mudanças de comportamento, de pensamento, de cultura e de sensibilização, devemos sempre nos lembrar do bambu chinês para não desistir facilmente diante das dificuldades que surgirão.

"É preciso muita fibra para chegar às alturas e, ao mesmo tempo, muita flexibilidade para se curvar ao chão." (Autor desconhecido)

Pessoas, organizações e o bambu chinês: É preciso esperar para chegar às alturas...

Em muitos momentos da vida, é preciso esperar a hora certa chegar e respeitar o tempo. Não se deve desanimar diante dos obstáculos que surgem, e sim ter paciência para continuar a se desenvolver até que um dia a sua "vez vai chegar", e todos vão notar seu crescimento, sua transformação.

O importante não é crescer rápido e alcançar a altura

Construindo conhecimento

máxima em pouco tempo. Mas considerar o meio pelo qual você está se desenvolvendo, de que forma você nutre esse crescimento, como está construindo e absorvendo o conhecimento e a aprendizagem, passando pelas devidas etapas e aproveitando o melhor de cada momento.

Às vezes, no caminho que percorre, você opta por seguir um atalho que pode até levá-lo ao lugar desejado, mas não o conduzirá ao sucesso. É primordial, portanto, seguir em frente com entusiasmo, focar no seu crescimento, lutar pelos seus objetivos, empregar suas forças e suas energias naquilo a que se propõe e regar o seu interior com sabedoria, humildade e esperança, para que assim o crescimento seja contínuo, a fim de alcançar não somente os 25 metros, mas especialmente as estrelas.

Diante da globalização e das rápidas mudanças, as organizações geralmente treinam seu pessoal para suprir as necessidades imediatas em curto prazo, a fim de ter condições de oferecer melhores serviços e produtos e, principalmente, tornar-se cada vez mais competitivas e ter um diferencial no mundo corporativo.

A sociedade está inserida em uma cultura de velocistas em que prevalece a vontade de chegar ao topo em um espaço de tempo curto. Em um programa de T&D a organização investe tempo e dinheiro e quer que o retorno das pessoas seja rápido. No entanto, é de extrema importância que a organização também ofereça a seus colaboradores a oportunidade de desenvolvimento humano.

O programa de desenvolvimento demanda mais tempo, mas, quando a organização quer que as pessoas produzam e inovem em um mundo tão competitivo, é preciso deixá-las crescer por um tempo.

Deve-se considerar que as pessoas são o maior ativo de qualquer empresa, e a área de T&D tem papel fundamental na criação de programas de desenvolvimento para que elas possam crescer profissional e pessoalmente, que tenham condições de aplicar novos conhecimentos e possibilidades de criar e contribuir de maneira efetiva para os resultados organizacionais.

As organizações somente obtêm resultados por meio das pessoas, que, por sua vez, necessitam se desenvolver e ser não apenas conhecidas, mas, principalmente, reconhecidas no momento oportuno. Como ser humano, todos têm a necessidade de ser reconhecidos de alguma forma. Todos somos motivados quando percebemos nossa importância dentro do contexto em que estamos inseridos.

Dentro de uma empresa, o profissional de T&D e o gestor de cada área deverão compreender o que motiva o colaborador a contribuir no ambiente organizacional e quais são suas expectativas, além de identificar suas potencialidades, para que dessa forma seja possível traçar uma rota do caminho a ser percorrido, isto é, realizar programas de desenvolvimento que atendam e satisfaçam às organizações e, ao mesmo tempo, aos colaboradores.

É essencial que todas as organizações tenham um programa de reconhecimento, pois isso pode fazer a diferença. Quando se reconhece as pessoas por seu trabalho, seus esforços, sua dedicação, seu entusiasmo, suas atitudes positivas, sua vontade de superação, entre outras, elas apresentam o comportamento desejável, que é traduzido em resultados consistentes.

O reconhecimento não precisa ser necessariamente formal, isto é, as pessoas não precisam ganhar um certificado, um troféu ou uma "estrelinha na testa". Muitas vezes o reconhecimento informal tem muito valor e pode realmente estimulá-las e encorajá-las.

Em uma empresa, é importantíssimo, por exemplo, reforçar constantemente aos colaboradores e líderes/gestores seus pontos fortes, elogiar uma atividade bem executada, fornecer *feedback* positivo; isso faz parte do reconhecimento informal e estimula as pessoas a buscar desenvolvimento.

O programa de desenvolvimento, além de ajudar as pes-

Construindo conhecimento

soas a ter um norte a seguir, causa impacto satisfatório sobre a produtividade e a moral. Empresas que treinam seus funcionários dão a eles a oportunidade de desenvolver suas habilidades, suas capacidades e sua aprendizagem, por isso eles terão mais paixão pelo trabalho, serão mais produtivos e também buscarão por conta própria seu autodesenvolvimento, uma vez que têm consciência de seu valor no mundo corporativo e sabem que o reconhecimento virá a qualquer momento.

Empresas almejam ser reconhecidas por seus serviços e produtos, seu atendimento, sua boa qualidade, seus excelentes preços, entre outros. Já as pessoas que estão dentro delas querem ser reconhecidas por seu trabalho, suas habilidades, seus resultados, sua força de vontade e seu comprometimento.

Nada nem ninguém nasce pronto. Ao longo da vida as pessoas vão se desenvolvendo, se construindo e se descobrindo. O reconhecimento vem aos poucos, à medida que fazem por merecê-lo.

Com o tempo, tanto empresas como pessoas acabam percebendo que valeu a pena esperar, e o mais importante é que nessa trajetória é possível continuar crescendo cada vez mais, sem perder a perseverança, a coragem e o entusiasmo.

Alcançar os resultados estabelecidos e conquistar uma posição de destaque é o que almejam empresas e pessoas. Torno a enfatizar que é importante considerar não só o resultado final, mas rever todos os passos que levaram a alcançar ou conquistar o que está em questão. Se por um lado subir degrau por degrau traz segurança, por outro subir dois ou mais de uma única vez pode causar uma queda.

O reconhecimento às vezes pode demorar a vir, mas, além daquele que os demais podem ter em relação a você, existe o seu autorreconhecimento.

Quando trabalha canalizando as forças e apostando tudo o que tem para se desenvolver, a pessoa alcança as alturas com sucesso e êxito! Quanto mais as pessoas crescem, mais agregam valor ao mundo.

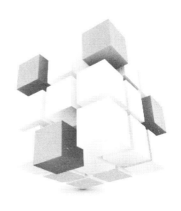

CONSIDERAÇÕES FINAIS

Com investimentos em T&D de pessoas nas organizações, cresce o desafio para a área de Recursos Humanos e para o profissional de T&D mensurar e evidenciar os resultados obtidos por meio de seu capital intelectual.

Embora isso não seja nada fácil para os profissionais de T&D, trata-se de um dos pontos mais importantes e fator-chave que possibilita evidenciar resultados obtidos à direção das organizações, por meio de um trabalho extremamente profissional.

É indiscutível que no mundo corporativo a palavra de que mais ouvimos falar é "mudanças". Além das transformações que ocorrem no ambiente de negócios englobando os movimentos estratégicos e operacionais, existem também as mudanças comportamentais das pessoas em relação ao meio em que estão inseridas.

Empresas querem se tornar cada vez mais competiti-

Construindo conhecimento

vas, possuir um diferencial e ter sucesso. Sendo as pessoas o bem de maior valor que as compõem, os profissionais de T&D devem empregar seus esforços para a melhoria contínua de uma eficiente e eficaz gestão de desenvolvimento humano organizacional, criando novas práticas e optando por modelos de gestão capazes de criar e sustentar a vantagem competitiva. Torna-se necessário, portanto, investir maciçamente em programas de T&D.

O desempenho das empresas está relacionado ao desempenho de seus colaboradores, então as pessoas são responsáveis pelo alcance dos objetivos e dos resultados organizacionais. Embora haja competentes profissionais da área de Recursos Humanos com boa vontade trabalhando na área de T&D, isso não é suficiente se não estruturarem de maneira organizada todo o processo de treinamento, desde o levantamento de necessidades até a mensuração e a validação dos resultados.

Desse modo, é de extrema importância que os envolvidos na realização de programas de T&D compreendam profundamente o funcionamento desse processo, alternando suas experiências e suas técnicas com a norma NBR ISO 10.015, e que conheçam intimamente a dinâmica organizacional e seus colaboradores para que possam agir e intensificar o ciclo.

Apesar da necessidade de considerar o ambiente externo e de estar atento às novas tendências, não se pode perder o foco de como e onde alcançar os resultados pretendidos.

O profissional de T&D deve conhecer a direção das estratégias e saber as regras, as políticas e as diretrizes. Quando se investe e se aplica de fato um treinamento aos colaboradores, espera-se que eles transfiram o aprendizado para o comportamento e para a prática, pois os resultados dependem muito de cada um dos envolvidos.

Saber interpretar os resultados, traduzi-los em números e transformá-los em benefícios é uma tarefa que exige muita percepção e conhecimento dos profissionais de T&D. A busca incessante por demonstrar resultados mensuráveis é um compromisso com o qual os profissionais da área devem se preocupar e se orientar, com base em técnicas de avaliação de resultados, a fim de facilitar as evidências.

Deve-se perceber que não é mais possível tratar as pessoas como se fossem todas iguais. Cada uma carrega consigo uma história, uma bagagem, possuem personalidades diferentes e necessidades distintas. Os profissionais de T&D devem analisar os novos desenhos organizacionais, dar a devida atenção aos impactos no processo relativos aos valores e às prioridades e oferecer suporte ao equilíbrio entre as necessidades individuais e as empresariais, as quais formam a "organização", possibilitando, assim, uma gestão mais evoluída não só por meio das competências (conhecimento, habilidade e atitude – CHA), mas ampliando-a para um novo conceito chamado CHAVE (conhecimento, habilidade, atitude, valores e entorno).

Quando atinge certo grau de maturidade em relação aos seus subsistemas e aos processos de treinamento, a empresa passa a ter condições de perceber e identificar seus talentos, potencializá-los e trabalhá-los sob uma perspectiva individual, partindo para o organizacional.

Considero que uma eficaz gestão de desenvolvimento humano organizacional está relacionada com todos os subsistemas integrados de recursos humanos, desde o processo de recrutamento e seleção até a utilização de instrumentos de avaliação de desempenho, passando pela pesquisa de clima organizacional, pela gestão por competência, entre outros. A gestão de desenvolvimento humano e organizacional exige muito esforço, dedicação, tempo, investimento financeiro, ações, experiências, inovações, correções e práticas do dia a dia, mas, em especial, exige paixão. Paixão pelo trabalho em si, por conhecer o interior das pessoas, compreendendo esse ser considerado complexo, e por geri-las com uma promessa de desenvolvimento e alcance de resultados mensuráveis.

ARTIGOS E ESTUDOS DE CASO

Um RH mais proativo

A área de Recursos Humanos vem ganhando força e visibilidade para atuar na gestão de pessoas e auxiliar no desenvolvimento organizacional. Isso só foi possível com a chegada da gestão da qualidade e dos benefícios que a ISO 9001 trouxe às organizações.

Além de a certificação ISO 9001 possibilitar maior credibilidade às organizações, também permitiu o aumento da produtividade. Por esses motivos, estamos vendo um RH mais produtivo e focado, que apresenta resultados aos negócios das organizações. Foi necessário que a área de Recursos Humanos se desenvolvesse e aprimorasse suas competências como área de gestão estratégica.

Dessa forma é necessário que exista um RH mais participativo e integrado com a organização, que atue no planejamento estratégico da gestão de pessoas. Sabemos que as empresas possuem diversas necessidades que definem sua sobrevivência, ou até mesmo seu crescimento. Nesse ambiente globalizado, somente empresas competitivas e inteligentes poderão sobreviver, entendendo que o ser humano é o principal fator para o desenvolvimento de sua organização.

A necessidade de melhoria contínua da qualidade de seus produtos e serviços, a redução de custos, equipes enxutas, a produtividade crescente e diversificada, a atualização tecnológica e profissionais altamente desenvolvidos retratam o ambiente organizacional competitivo.

Aqui também não poderia deixar de retratar as necessidades individuais dos empregados/colaboradores. Maslow, psicólogo e consultor norte-americano, apresentou a teoria da motivação, segundo a qual as necessidades humanas estão organizadas e dispostas em níveis, formando uma pirâmide. Em sua base estão as necessidades mais baixas, chamadas de necessidades fisiológicas; no topo, as necessidades mais elevadas, as necessidades de autorrealização. As necessidades primárias são representadas pelas necessidades fisiológicas e de segurança e as necessidades secundárias, pelas necessidades sociais, estima e autorrealização.

A área de RH e seus profissionais devem propor ações alinhadas à sua estratégia para que haja satisfação no ambiente de sua organização. Preocupar-se com treinamento e desenvolvimento, planejamento de carreira, clima organizacional, salários compatíveis com o mercado, benefícios, participação nos resultados e retenção de seus talentos humanos é a chave para o sucesso de qualquer organização. Também não podemos nos esquecer da comunicação interna, que deve utilizar meios como a intranet para divulgar notícias e informações, para disseminar conhecimento e para estabelecer contato entre a empresa e o colaborador (emitindo opiniões, fazendo sugestões/críticas e compartilhando conhecimento).

Nesse novo cenário, que nem é tão recente assim, mas

vem se modernizando a cada dia, são necessários profissionais de RH mais apaixonados por pessoas e tecnologia. Pesquisando a área de RH em empresas de pequeno e médio porte, pude observar que grande parte delas ainda possui o RH assistencialista, com o antigo profissional do departamento pessoal (DP), que atua apagando fogo e responsabilizando-se por atividades além de sua competência, calculando, por exemplo, a folha de pagamento, mas também responsáveis pela área de seleção e recrutamento, benefícios, treinamento e desenvolvimento, entre outras atividades.

Esse cenário retrata um RH mecanicista, com foco operacional e burocrático, reativo, lento e centralizador, diretamente na produção. Mas o RH que retratamos, e que está trazendo melhores resultados nas organizações, é o estratégico, direcionado por política e diretrizes transparentes. Todos os gestores são parceiros da área de RH, trabalhando em prol de uma cultura visionária, antecipando suas necessidades e sendo mais proativo, ágil, apoiador e preocupado com o desenvolvimento integral de seus colaboradores.

A área de RH passa a ter um novo papel mais estratégico e menos ferramental. E os profissionais da área deverão estar aptos a ler o contexto empresarial (cultura organizacional, modelos de gestão, ética e responsabilidade social, gestão de marketing, finanças e contabilidade gerencial, gestão do sistema de informação e fundamentos de direito nas relações de trabalho), compreendendo a função do RH como principal responsável pela gestão do capital intelectual e liderando equipes e processos.

Transformando competência em comportamento – estratégias individuais para o profissional do século XXI

Em pleno século XXI, observamos a dinâmica das organizações e suas exigências diante do mercado de trabalho. O perfil do profissional deste século deverá focar no desenvolvimento pessoal.

Atender às exigências do mercado de trabalho exigirá desenvolver conhecimentos, habilidades e atitudes. Podemos dizer que o perfil desse novo profissional deverá apresentar o desenvolvimento de competências técnicas aliado ao desenvolvimento de competências comportamentais, como comunicação oral e escrita, inteligência emocional, tomada de decisão, relacionamento interpessoal, entre outras.

Outra característica que o mercado indica é a diminuição do emprego formal e o aumento de profissionais liberais. O emprego que traz segurança continuará a existir por tempo indeterminado, pois o papel do especialista ainda é muito valorizado, mas, com o aumento dos trabalhos informais, os profissionais estão buscando novos conhecimentos e aprendendo muito mais por trabalharem em atividades de um extremo ao outro, ou seja, por projetos, dando espaço a um profissional mais generalista, criativo, audaz e responsável por seus próprios resultados e lucros.

A mudança é a única certeza que temos em nossa vida, e por esse motivo devemos buscar mudar para melhor, adquirir informações, transformá-las em conhecimentos e utilizá-los da melhor forma possível.

Peter Drucker já dizia que um novo tipo de trabalhador estava surgindo em pleno século XX: o "trabalhador do conhecimento".

Construindo conhecimento

Podemos observar que o aprendizado deve ser contínuo, sendo uma responsabilidade individual e estendendo-se à empresa, à sociedade e ao mundo de maneira geral.

Ao tratar de conhecimento, procuro sempre passar em meus treinamentos e minhas palestras uma visão de construção, pois não se trata de algo que só se adquire em um banco escolar, mas é necessário se submeter a diversas experiências para que haja essa construção. Acredito que o processo de *coaching* integrativo com o qual tenho trabalhado traduz muito bem esse conceito: a AÇÃO o levará ao desenvolvimento e a resultados integrados.

Alguns princípios que procuro trabalhar tanto no desenvolvimento individual quanto no coletivo de meus clientes são: toda pessoa é capaz de aprender, todo conhecimento existente pode ser ampliado e toda emoção deve ser interpretada. O mundo contemporâneo valoriza e dá oportunidade às pessoas e às empresas que criam condições para que haja o encontro de quatro necessidades, bem como do equilíbrio entre elas, a saber: o trabalho, o estudo, diversão e a espiritualidade.

Nessa condição criaremos ambientes mais produtivos e tornaremos as pessoas mais felizes por trabalharem na manutenção do conhecimento.

A relação entre desempenho humano e profissional pode ser identificada em quatro perfis de profissionais.

- Pessoas com pequeno desempenho profissional e grandes qualidades humanas;
- Pessoas com grande desempenho e poucas qualidades humanas;
- Pessoas com grandes qualidades profissionais e pessoais;
- Pessoas com ambas as qualidades pequenas.

Treinar e desenvolver é a grande jogada

Contar com equipes capacitadas e que apresentem bom desempenho é o desejo de qualquer empresa. No entanto, para que isso ocorra, é preciso que os profissionais recebam tanto treinamentos técnicos quanto comportamentais, pois, com tanta informação e tecnologia disponível no mercado, o diferencial do negócio acaba centralizado no capital humano. Hoje, no universo corporativo, quem não investe nos recursos humanos acaba perdendo espaço para a concorrência, e isso pode significar um risco para a saúde da própria empresa. Justamente para acompanhar as tendências do mercado e manter-se competitiva, a Companhia Brasileira de Alumínio (CBA) vem investindo maciçamente na área de T&D.

A CBA – empresa pertencente ao Grupo Votorantim – está localizada no município de Alumínio, próximo à cidade de Mairinque, no interior de São Paulo. O escritório central situa-se no centro da capital paulista. A organização emprega mais de 5 mil funcionários, que atuam em atividades de mineração, de geração de energia elétrica, de fabricação de alumínio e de natureza administrativa e comercial.

O passo inicial da CBA na área de T&D foi dado em 1998, ocasião em que a empresa implantou o Projeto Telecurso 2000. De lá para cá, os investimentos foram intensificados, e os resultados podem ser percebidos nos números registrados pela área de Recursos Humanos da organização. Para ter ideia, em 2005 foram mais de 31 mil treinandos, o que corresponde a uma média de seis treinamentos por funcionário.

O maior motivo para esse investimento na área de T&D aconteceu em razão das expansões e das contratações que a

Construindo conhecimento

companhia vinha realizando nos últimos anos e das novas tecnologias que vinham sendo agregadas ao negócio, fazendo com que a CBA precisasse de profissionais altamente qualificados. "Treinar e desenvolver tornou-se a ordem do dia", essa era minha frase quando analista de recursos humanos e um dos responsáveis pela área de T&D dessa grande e saudosa empresa.

No que se referia à escolaridade, a empresa contou com duas iniciativas. A primeira delas foi o Projeto Telecurso 2000, que propunha auxiliar os funcionários que não tinham tido oportunidade de concluir o Ensino Fundamental e o Ensino Médio. Esse projeto foi realizado em parceria com o Sesi/Senai. A outra iniciativa foi o PAI, projeto intensivo de alfabetização iniciado em 2005, que atendeu a um pequeno grupo da companhia. Para as chefias imediatas e os supervisores, a empresa ofereceu curso de inglês, com aulas realizadas no próprio ambiente de trabalho. Essa medida foi tomada porque, em algumas situações, esses profissionais necessitam dominar o idioma para auxiliar em suas atividades.

Em razão da natureza das ações desempenhadas pelos colaboradores, na área de Saúde e Segurança, a companhia promove treinamentos voltados à proteção dos olhos e das mãos, à prevenção e combate a incêndios. "A área de Saúde também realiza campanhas contra gripe, obesidade, diabetes e Aids." Essas ações influenciarão na diminuição do índice de absenteísmo por afastamento médico, por exemplo.

Além disso, a empresa investe em treinamentos destinados à gestão da qualidade, os quais servem de suporte para a implantação das Normas ISO. Já para a área operacional, os treinamentos estão diretamente ligados à produção, à embalagem, ao laboratório da organização, entre outros. Para a área técnica, são realizados trabalhos específicos voltados a tecnologias que agreguem valor ao negócio, como, por exemplo, cursos de fundição e laminação de chapas e folhas.

Vale ressaltar que a CBA também se preocupa em investir na área comportamental, a qual, por sua vez, é relacionada ao desenvolvimento de cada colaborador, auxiliando no aprimoramento de novas competências, como liderança, comunicação e relacionamento interpessoal. Um bom exemplo de investimento nas competências comportamentais foi uma parceria firmada com o Senac, por meio da qual foi realizado um projeto que beneficiou mais de 700 líderes, entre gestores e supervisores. Há ainda programas voltados a técnicas de apresentação, administração do tempo, entre outros. A empresa compreende que a gestão por competências dá maior visibilidade à companhia e que, quando bem definida, oferece aos colaboradores uma linguagem mais fácil sobre o que a empresa espera de cada um. O que antes era especificamente da área de Recursos Humanos tornou-se mais claro e de fácil compreensão para todos que participam da gestão da companhia. Por esse motivo, os investimentos em competências vêm se tornando mais dinâmicos. "Estamos apenas no início de um longo e ótimo trabalho", outra de minhas frases que representou a realidade nesta entrevista ao site rh.com.

Mais de 90% das atividades em T&D eram desenvolvidas pela própria organização, o que permitiu que os treinamentos estivessem de acordo com as necessidades da empresa, tornando-os mais rápidos e lucrativos.

Em contrapartida, houve grande investimento na contratação de consultorias de treinamento, incluindo na área Comportamental. Um dos maiores parceiros da CBA foi, e acredito que ainda seja, o Senai, que esteve presente em diversos cursos técnicos oferecidos aos profissionais da companhia.

O mecanismo que a CBA utilizava para avaliar os investimentos em T&D estava relacionado à pesquisa de clima organizacional, hoje muito mais evoluído.

A pesquisa de clima organizacional havia sido uma importante aliada, pois por meio de seus resultados a companhia pôde avaliar quais treinamentos comportamentais ou específicos eram mais necessários. Em relação à receptividade dos colaboradores aos treinamentos, a satisfação interna tem sido bastante evidenciada. Porém, ela destacou que sempre existiu uma pequena porcentagem de funcionários, com cerca de 20 a 30 anos de casa, que em determinados momentos desconfiaram das novas tecnologias. Mas isso foi desmistificado no dia a dia, pois a área de RH sempre esteve presente na abertura dos cursos para falar sobre a importância de cada programa desenvolvido na organização.

Eu, como um profissional de T&D com foco no desenvolvimento humano e nas contribuições favoráveis à organização, sempre estive disponível para esclarecer as dúvidas dos colaboradores. Na época pude observar que todo o investimento foi responsável pela retenção dos talentos humanos, pois o percentual de *turnover*[5] era considerado baixo.

---

5. Taxa de rotatividade de funcionários nas empresas.

Referências

BAPTISTA, Bettyna Patrícia; LUCHETI, Wilson David; POERNER, Marco. *Avaliação dos resultados em treinamento comportamental: como investimento no capital humano pode retornar às organizações*. Rio de Janeiro; São Paulo: Qualitymark; ABRH, 2002.

BOOG, Gustavo G.; BOOG, Magdalena T. (Coord.). *Manual de treinamento e desenvolvimento: processos e operações*. São Paulo: Pearson Prentice Hall, 2006.

_____. *Manual de treinamento e desenvolvimento: gestão e estratégias*. São Paulo: Pearson Prentice Hall, 2006.

CHIAVENATO, Idalberto. *Gestão de pessoas: o novo papel do profissional de recursos humanos nas organizações*. Rio de Janeiro: Elsevier, 1999.

KIRKPATRICK, Donald L. *Transformando conhecimento em comportamento: use o modelo dos quatro níveis para melhorar seu desempenho*. São Paulo: Futura, 2006.

MILIONI, B. *Dicionário de termos de recursos humanos*. São Paulo: Central de Negócios em RH Editora e Marketing, 2003.

SILVA, Mário C. Marcondes e. *Competência e resultados de recursos humanos: um fator diferencial da empresa moderna*. 2. ed. Rio de Janeiro; São Paulo: Qualitymark; ABRH-Nacional, 2003.

VILA, Magda; FALCÃO, Paula. *Focalização de jogos em T&D*. Rio de Janeiro: Qualitymark, 2002.

Revistas
T&D – Desenvolvendo pessoas, n. 131, 2003.

Apostilas
Desenvolvimento de analista de treinamento
Consultoria, integração e treinamento – 2001

Sites
www.rh.com.br
www.abtd.com.br

Impressão e acabamento

Rotermund

Fone (51) 3589 5111
comercial@rotermund.com.br